मोहन राकेश

'नई कहानी' के दौर के अग्रणी रचनाकारों में एक मोहन राकेश का जन्म 8 जनवरी, 1925 को जंडीवाली गली, अमृतसर में हुआ।

शिक्षा : संस्कृत में शास्त्री, अंग्रेज़ी में बी.ए., संस्कृत और हिन्दी में एम.ए.। जीविका के लिए लाहौर, मुम्बई, शिमला, जालंधर और दिल्ली में अध्यापन, सम्पादन और स्वतंत्र लेखन।

प्रकाशित पुस्तकें : *अँधेरे बन्द कमरे, अन्तराल, न आने वाला कल* (उपन्यास); *आषाढ़ का एक दिन, लहरों के राजहंस, आधे-अधूरे, पैर तले की ज़मीन* (नाटक); *शाकुन्तल, मृच्छकटिक* (अनूदित नाटक); *अंडे के छिलके, अन्य एकांकी तथा बीज नाटक, रात बीतने तक तथा अन्य ध्वनि नाटक* (एकांकी); *क्वार्टर, पहचान, वारिस, एक घटना* (कहानी-संग्रह); *बक़लम ख़ुद, परिवेश* (निबन्ध); *आख़िरी चट्टान तक* (यात्रावृत्त); *एकत्र* (अप्रकाशित-असंकलित रचनाएँ); *बिना हाड़-मांस के आदमी* (बालोपयोगी कहानी-संग्रह) तथा *मोहन राकेश रचनावली* (13 खंड)।

विशेष : फ़िल्म वित्त निगम के निदेशक और फ़िल्म सेंसर बोर्ड के सदस्य भी रहे।

सम्मान : सर्वश्रेष्ठ नाटक व सर्वश्रेष्ठ नाटककार के लिए 'संगीत नाटक अकादमी पुरस्कार', 'नेहरू फ़ेलोशिप' आदि।

निधन : 3 दिसम्बर, 1972; नई दिल्ली।

मोहन राकेश

■

प्रतिनिधि कहानियाँ

सम्पादक
मोहन गुप्त

राजकमल पेपरबैक्स

राजकमल पेपरबैक्स में
पहला संस्करण : 1983
सत्रहवाँ संस्करण : 2023

राजकमल पेपरबैक्स : उत्कृष्ट साहित्य के जनसुलभ संस्करण

राजकमल प्रकाशन प्रा. लि.
1-बी, नेताजी सुभाष मार्ग, दरियागंज
नई दिल्ली-110 002
द्वारा प्रकाशित

शाखाएँ : अशोक राजपथ, साइंस कॉलेज के सामने, पटना-800 006
पहली मंजिल, दरबारी बिल्डिंग, महात्मा गांधी मार्ग, प्रयागराज-211 001
1, अनमोल सोराबजी संतुक लेन, धोबी तलाव, मरीन लाइंस, मुम्बई-44002

वेबसाइट : www.rajkamalprakashan.com
ई-मेल : info@rajkamalprakashan.com

बी.के. ऑफसेट
नवीन शाहदरा, दिल्ली-110 032
द्वारा मुद्रित

मूल्य : ₹150

PRATINIDHI KAHANIYAN
Representative Stories of Mohan Rakesh
Edited by Mohan Gupta

ISBN : 978-81-267-0785-0

भूमिका

मोहन राकेश बहुमुखी प्रतिभा के साहित्यकार थे। उपन्यास, कहानी, नाटक, संस्मरण, यात्रा-वृत्तान्त, ललित निबन्ध, आलोचना आदि अनेक विधाओं में उन्होंने लिखा। नाटककार के रूप में तो हिन्दी-रंगमंच को उनका योगदान क्रान्तिकारी माना गया है। लेकिन उनकी रचनात्मकता का जो उत्कर्ष कहानियों में दिखाई देता है यह शायद ही किसी दूसरी विधा में हो।

राकेश मूलतः मध्यवर्ग के चितेरे हैं, और इस वर्ग के इतने विविध चरित्रों की सृष्टि उन्होंने की है कि देखकर आश्चर्यचकित रह जाना पड़ता है। 'आर्द्रा' की माँ, मिस पाल, 'एक और ज़िन्दगी' के तलाक़शुदा पति-पत्नी, 'जानवर और जानवर' का पादरी, 'उसकी रोटी' की बालो और उसका पति सुच्चा सिंह, 'पाँचवें माले का फ़्लैट' के अविनाश और प्रमिला—हर पात्र को अपनी एक अलग दुनिया है, और उनके चित्रण में रचनाकार की आत्मीयता ने एक ऐसी बात पैदा कर दी है, जिसे 'अनुभव की निजता' कहकर हो परिभाषित किया जा सकता है।

राकेश की कहानियों में असामान्यता अथवा असाधारणता नहीं है। दैनन्दिन जीवन का कोई भी

सामान्य-सा लगनेवाला यथार्थ उनकी कहानी का विषय बन जाता है, और उसके माध्यम से वे असामान्य बात कह जाते हैं। उनकी हर कहानी में सांकेतिकता के कई स्तर गुँथे हुए रहते हैं, और यही वह विशेषता है जो उन्हें दूसरे कहानीकारों से अलग करती है, उनकी कहानियों को अर्थवान बनाती है। इसी सांकेतिकता के सहारे में एक व्यक्ति-विशेष के जीवन से जुड़ी घटनाओं को सारे समाज की बना देते हैं, और उनकी कहानी हर पाठक की अपनी कहानी बन जाती है, कहानी का परिवेश पाठक का अपना परिवेश बन जाता है।

जीवन और साहित्य की जीर्ण-शीर्ण रूढ़ियों के प्रति विद्रोह और सतत संघर्षशीलता राकेश के पात्रों की चारित्रिक विशेषता है। लेकिन यह विद्रोह और संघर्ष आरोपित नहीं बल्कि जीवन-स्थितियों के बीच से संकेतों के रूप में उभरता है। यही कारण है कि राकेश के पात्र आदर्शों के निर्जीव पुतले नहीं, हाड़-मांस के यथार्थ नर-नारी हैं, जो अपनी सारी दुर्बलताओं-सबलताओं में हमें आकर्षित करते हैं।

राकेश की कहानियों में परिवेश बहुत महत्त्वपूर्ण है। वे बहुत बारीकी से चीज़ों को देखते हैं, और उन्हें संवेदना के तारों में गूँथकर इस प्रकार प्रस्तुत करते हैं कि वे जीवन्त हो उठती हैं और कहानी के संकेतों को हमारे कानों में फुसफुसाने लगती हैं। 'मलबे का मालिक' इस दृष्टि से उनकी शायद सर्वश्रेष्ठ कहानी है। मलबे का ढेर और उसके बीच खड़ी टूटी-फूटी चौखट से झरते हुए रेशे सजीव पात्र बनकर हमारी संवेदना को छूते हैं।

'नयी कहानी' आन्दोलन के अग्रणी रचनाकार की हैसियत से राकेश ने हिन्दी कहानी को नये आयाम दिये

हैं, और एक ऐसे आत्मीय शिल्प की सृष्टि की है, जो अपने प्रभाव में सहज है और कहानी की केन्द्रीय वस्तु को प्रभावशाली ढंग से उद्घाटित करता है।

—मोहन गुप्त

क्रम

प्रतिनिधि कहानियाँ

मिस पाल

वह दूर से दिखाई देती आकृति मिस पाल ही हो सकती थी।

फिर भी विश्वास करने के लिए मैंने अपना चश्मा ठीक किया। निःसन्देह, वह मिस पाल ही थी। यह तो ख़ैर मुझे पता था कि वह उन दिनों कुल्लू में ही कहीं रहती है, पर इस तरह अचानक उससे भेंट हो जाएगी, यह नहीं सोचा था। और उसे सामने देखकर भी मुझे विश्वास नहीं हुआ कि वह स्थायी रूप से कुल्लू और मनाली के बीच उस छोटे-से गाँव में रहती होगी। जब वह दिल्ली से नौकरी छोड़कर आई थी, तो लोगों ने उसके बारे में क्या-क्या नहीं सोचा था!

बस रायसन के डाकख़ाने के पास पहुँचकर रुक गई। मिस पाल डाकख़ाने के बाहर खड़ी पोस्टमास्टर से कुछ बात कर रही थी। हाथ में वह एक थैला लिये थी। बस के रुकने पर न जाने किस बात के लिए पोस्टमास्टर को धन्यवाद देती हुई वह बस की तरफ़ मुड़ी। तभी मैं उतरकर उसके सामने पहुँच गया। एक आदमी के अचानक सामने आ जाने से मिस पाल थोड़ा अचकचा गई, मगर मुझे पहचानते ही उसका चेहरा ख़ुशी और उत्साह से खिल गया।

"रणजीत तुम?" उसने कहा, "तुम यहाँ कहाँ से टपक पड़े?"

"मैं इस बस से मनाली से आ रहा हूँ।" मैंने कहा।

"अच्छा! मनाली तुम कब से आए हुए थे?"

"आठ-दस दिन हुए, आया था। आज वापस जा रहा हूँ।"

"आज ही जा रहे हो?" मिस पाल के चेहरे से आधा उत्साह ग़ायब हो गया, "देखो, कितनी बुरी बात है कि आठ-दस दिन से तुम यहाँ हो और मुझसे मिलने की तुमने कोशिश भी नहीं की। तुम्हें यह तो पता ही था कि मैं आजकल कुल्लू में हूँ।"

"हाँ, यह तो पता था, पर यह नहीं पता था कि कुल्लू के किस हिस्से में हो। अब भी तुम अचानक ही दिखाई दे गईं, नहीं तो मुझे कहाँ से पता चलता कि तुम इस जंगल को आबाद कर रही हो?"

"सचमुच बहुत बुरी बात है," मिस पाल उलाहने के स्वर में बोली, "तुम इतने दिनों से यहाँ हो और मुझसे तुम्हारी भेंट हुई आज जाने के वक़्त...।"

ड्राइवर ज़ोर-ज़ोर से हॉर्न बजाने लगा। मिस पाल ने कुछ चिढ़कर ड्राइवर की तरफ़ देखा और एक साथ झिड़कने और क्षमा माँगने के स्वर में कहा, "बस जी एक मिनट। मैं भी इसी बस से कुल्लू चल रही हूँ। मुझे कुल्लू की एक सीट दे दीजिए। थैंक यू। थैंक यू वेरी मच!" और फिर मेरी तरफ़ मुड़कर बोली, "तुम इस बस से कहाँ तक जा रहे हो?"

"आज तो इस बस से जोगिन्दरनगर जाऊँगा। वहाँ एक दिन रहकर कल सुबह आगे की बस पकड़ूँगा।"

ड्राइवर अब और ज़ोर से हॉर्न बजाने लगा। मिस पाल ने एक बार क्रोध और बेबसी के साथ उसकी तरफ़ देखा और बस के दरवाज़े की तरफ़ बढ़ती हुई बोली, "अच्छा, कुल्लू तक तो हम लोगों का साथ है ही, और बात कुल्लू पहुँचकर करेंगे। मैं तो कहती हूँ कि तुम दो-चार दिन यहीं रुको, फिर चले जाना।"

बस में पहले ही बहुत भीड़ थी। दो-तीन आदमी वहाँ से और चढ़ गए थे, जिससे अन्दर खड़े होने की जगह भी नहीं रही थी। मिस पाल दरवाज़े से अन्दर जाने लगी तो कंडक्टर ने हाथ बढ़ाकर उसे रोक दिया। मैंने कंडक्टर से बहुतेरा कहा कि अन्दर मेरे वाली जगह ख़ाली है, मिस साहब वहाँ बैठ जाएँगी और मैं भीड़ में किसी तरह खड़ा होकर चला जाऊँगा, मगर कंडक्टर एक बार ज़िद पर अड़ा तो अड़ा ही रहा कि और

सवारी वह नहीं ले सकता। मैं अभी उससे बात कर ही रहा था कि ड्राइवर ने बस स्टार्ट कर दी। मेरा सामान बस में था, इसलिए मैं दौड़कर चलती बस में सवार हो गया। दरवाज़े से अन्दर जाते हुए मैंने एक बार मुड़कर मिस पाल की तरफ़ देख लिया। वह इस तरह अचकचाई-सी खड़ी थी जैसे कोई उसके हाथ से उसका सामान छीनकर भाग गया हो और उसे समझ न आ रहा हो कि उसे अब क्या करना चाहिए।

बस हल्के-हल्के मोड़ काटती कुल्लू की तरफ़ बढ़ने लगी। मुझे अफ़सोस होने लगा कि मिस पाल को बस में जगह नहीं मिली तो मैंने ही क्यों न अपना सामान वहाँ उतरवा लिया। मेरा टिकट जोगिन्दरनगर का था, पर यह ज़रूरी नहीं था कि उस टिकट से जोगिन्दरनगर तक जाऊँ ही। मगर मिस पाल से भेंट कुछ ऐसे आकस्मिक ढंग से हुई थी और निश्चय करने के लिए समय इतना कम था कि मैं यह बात उस समय सोच भी नहीं सका था। थोड़ा-सा भी समय और मिलता, तो मैं ज़रूर कुछ देर के लिए वहाँ उतर जाता। उतने समय में तो मैं मिस पाल से कुशल-समाचार भी नहीं पूछ सका था, हालाँकि मन में उसके सम्बन्ध में कितना कुछ जानने की उत्सुकता थी। उसके दिल्ली छोड़ने के बाद लोग उसके बारे में जाने क्या-क्या बातें करते रहे थे। किसी का ख़याल था कि उसने कुल्लू में एक रिटायर्ड अंग्रेज़ मेजर से शादी कर ली है और मेजर ने अपने सेब के बगीचे उसके नाम कर दिये हैं। किसी की सूचना थी कि उसे वहाँ सरकार की तरफ़ से वज़ीफ़ा मिल रहा है और वह करती-वरती कुछ नहीं, बस घूमती और हवा खाती है। कुछ ऐसे लोग भी थे जिनका कहना था कि मिस पाल का दिमाग़ ख़राब हो गया है और सरकार उसे इलाज के लिए अमृतसर पागलख़ाने में भेज रही है। मिस पाल एक दिन अचानक अपनी लगी हुई पाँच सौ की नौकरी छोड़कर चली आई थी, इससे लोगों में उसके बारे में तरह-तरह की कहानियाँ प्रचलित थीं।

जिन दिनों मिस पाल ने त्यागपत्र दिया, मैं दिल्ली में नहीं था। लम्बी छुट्टी लेकर बाहर गया था। मगर मिस पाल के नौकरी छोड़ने का कारण मैं काफ़ी हद तक जानता था। वह सूचना विभाग में हम लोगों के साथ काम करती थी और राजेन्द्रनगर में हमारे घर से दस-बारह घर छोड़कर

रहती थी। दिल्ली में भी उसका जीवन काफ़ी अकेला था, क्योंकि दफ़्तर के ज़्यादातर लोगों से उसका मनमुटाव था और बाहर के लोगों से वह मिलती बहुत कम थी। दफ़्तर का वातावरण उसे अपने अनुकूल नहीं लगता था। वह वहाँ एक-एक दिन जैसे गिनकर काटती थी। उसे हर एक से शिकायत थी कि वह घटिया क़िस्म का आदमी है, जिसके साथ उसका उठना-बैठना नहीं हो सकता।

"ये लोग इतने ओछे और बेईमान हैं," वह कहा करती, "इतनी छोटी और कमीनी बातें करते हैं कि मेरा इनके बीच काम करते हर वक़्त दम घुटता रहता है। जाने क्यों ये लोग इतनी छोटी-छोटी बातों पर एक-दूसरे से लड़ते हैं और अपने छोटे-छोटे स्वार्थों के लिए एक-दूसरे को कुचलने की कोशिश करते रहते हैं!"

मगर उस वातावरण में उसके दुखी रहने का मुख्य कारण दूसरा था, जिसे वह मुँह से स्वीकार नहीं करती थी। लोग इस बात को जानते थे, इसलिए जान-बूझकर उसे छेड़ने के लिए कुछ-न-कुछ कहते रहते थे। बुखारिया तो रोज़ ही उसके रंग-रूप पर कोई-न-कोई टिप्पणी कर देता था।

"क्या बात है मिस पाल, आज रंग बहुत निखर रहा है!"

दूसरी तरफ़ से जोरावरसिंह बात जोड़ देता, "आजकल मिस पाल पहले से स्लिम भी तो हो रही हैं।"

मिस पाल इन संकेतों से बुरी तरह परेशान हो उठती और कई बार ऐसे मौक़े पर कमरे से उठकर चली जाती। उसकी पोशाक पर भी लोग तरह-तरह की टिप्पणियाँ करते रहते थे। वह शायद अपने मुटापे की क्षतिपूर्ति के लिए ही बाल छोटे कटवाती थी, बग़ैर बाँह की क़मीज़ें पहनती थी और बनावसिंगार से चिढ़ होने पर भी रोज़ काफ़ी समय मेक-अप पर ख़र्च करती थी। मगर दफ़्तर में दाख़िल होते ही उसे किसी-न-किसी के मुँह से ऐसी बात सुनने को मिल जाती थी, "मिस पाल, इस नई क़मीज़ का डिज़ाइन बहुत अच्छा है। आज तो ग़ज़ब ढा रही हो तुम!"

मिस पाल को इस तरह की हर बात दिल में चुभ जाती थी। जितनी देर दफ़्तर में रहती, उसका चेहरा गम्भीर बना रहता। जब पाँच बजते, तो वह इस तरह अपनी मेज़ से उठती जैसे कई घंटे की सज़ा भोगने के बाद

उसे छुट्टी मिली हो। दफ़्तर से उठकर वह सीधी अपने घर चली जाती और अगले दिन सुबह दफ़्तर के लिए निकलने तक वहीं रहती। शायद दफ़्तर के लोगों से तंग आ जाने की वजह से ही वह और लोगों से भी मेल-जोल नहीं रखना चाहती थी। मेरा घर पास होने की वजह से, या शायद इसलिए कि दफ़्तर के लोगों में एक मैं ही था जिसने उसे कभी शिकायत का मौक़ा नहीं दिया था, वह कभी शाम को हमारे यहाँ चली आती थी। मैं अपनी बूआ के पास रहता था और मिस पाल मेरी बूआ और उनकी लड़कियों से काफ़ी घुल-मिल गई थी। कई बार घर के कामों में वह उनका हाथ भी बँटा देती थी। किसी दिन हम उसके यहाँ चले जाते थे। वह घर में समय बिताने के लिए संगीत और चित्रकला का अभ्यास करती थी। हम लोग पहुँचते तो उसके कमरे से सितार की आवाज़ आ रही होती या वह रंग और कूँचियाँ लिये किसी तस्वीर में उलझी होती। मगर जब वह इन दोनों में से कोई भी काम न कर रही होती तो अपने तख़्त पर बिछे मुलायम गद्दे पर दो तकियों के बीच लेटी छत को ताक रही होती। उसके गद्दे पर जो झीना रेशमी कपड़ा बिछा रहता था, उसे देखकर मुझे बहुत चिढ़ होती थी। मन करता था कि उसे खींचकर बाहर फेंक दूँ। उसके कमरे में सितार, तबला, रंग, कैनवस, तस्वीरें, कपड़े तथा नहाने और चाय बनाने का सामान इस तरह उलझे-बिखरे रहते थे कि बैठने के लिए कुर्सियों का उद्धार करना एक समस्या हो जाती थी। कभी मुझे उसके झीने रेशमी कपड़ेवाले तख़्त पर बैठना पड़ जाता तो मुझे मन में बहुत ही परेशानी होती। मन करता कि जितनी जल्दी हो वहाँ से उठ जाऊँ। मिस पाल अपने कमरे के चारों तरफ़ खोजकर जाने कहाँ से एक चायदानी और तीन-चार टूटी प्यालियाँ निकाल लेती और हम लोगों को 'फ़र्स्ट क्लास बोहीमियन कॉफ़ी' पिलाने की तैयारी करने लगती। कभी वह हम लोगों को अपनी बनाई तस्वीरें दिखाती और हम तीनों—मैं और मेरी दोनों बहनें—अपना अज्ञान छिपाने के लिए उनकी प्रशंसा कर देते। मगर कई बार वह हमें बहुत उदास मिलती और ठीक ढंग से बात भी न करती। मेरी बहनें ऐसे मौक़े पर उससे चिढ़ जातीं और कहतीं कि वे उसके यहाँ फिर नहीं जाएँगी। मगर मुझे ऐसे अवसर पर मिस पाल से ज़्यादा सहानुभूति होती।

आख़िरी बार जब मैं मिस पाल के यहाँ गया, मैंने उसे बहुत ही उदास देखा था। मेरा उन दिनों एपेंडेसाइटिस का ऑपरेशन हुआ था और मैं कई दिन अस्पताल में रहकर आया था। मिस पाल उन दिनों रोज़ अस्पताल में ख़बर पूछने आती रही थी। बूआ अस्पताल में मेरे पास रहती थी पर खाने-पीने का सामान इकट्ठा करना उनके लिए मुश्किल था। मिस पाल सुबह-सुबह आकर सब्ज़ियाँ और दूध दे जाती थी। जिस दिन मैं उसके यहाँ गया, उससे एक ही दिन पहले मुझे अस्पताल से छुट्टी मिली थी और मैं अभी काफ़ी कमज़ोर था। फिर भी उसने मेरे लिए जो तकलीफ़ उठाई थी, उसके लिए मैं उसे धन्यवाद देना चाहता था।

मिस पास ने दफ़्तर से छुट्टी ले रखी थी और कमरा बन्द किए अपने गद्दे पर लेटी थी। मुझे पता लगा कि शायद वह सुबह से नहाई भी नहीं है।

"क्या बात है, मिस पाल? तबीयत तो ठीक है?" मैंने पूछा।

"तबीयत ठीक है," उसने कहा, "मगर मैं नौकरी छोड़ने की सोच रही हूँ।"

"क्यों? कोई ख़ास बात हुई है क्या?"

"नहीं, ख़ास बात क्या होगी? बात बस इतनी ही है, मैं ऐसे लोगों के बीच काम कर ही नहीं सकती। मैं सोच रही हूँ कि दूर के किसी ख़ूबसूरत-से पहाड़ी इलाक़े में चली जाऊँ और वहाँ रहकर संगीत और चित्रकला का ठीक से अभ्यास करूँ। मुझे लगता है, मैं ख़ामख़ाह यहाँ अपनी ज़िन्दगी बरबाद कर रही हूँ। मेरी समझ में नहीं आता कि इस तरह की ज़िन्दगी जीने का आख़िर मतलब ही क्या है? सुबह उठती हूँ, दफ़्तर चली जाती हूँ। वहाँ सात-आठ घंटे ख़राब करके घर आती हूँ, खाना खाती हूँ और सो जाती हूँ। यह सारा-का-सारा सिलसिला मुझे बिलकुल बेमानी लगता है। मैं सोचती हूँ कि मेरी ज़रूरतें ही कितनी हैं? मैं कहीं भी जाकर एक छोटा-सा कमरा या शैक लूँ तो थोड़ा-सा ज़रूरत का सामान अपने पास रखकर पचास-साठ या सौ रुपये में गुज़ारा कर सकती हूँ। यहाँ मैं जो पाँच सौ लेती हूँ, वे पाँच-के-पाँच सौ हर महीने ख़र्च हो जाते हैं। किस तरह ख़र्च हो जाते हैं, यह ख़ुद मेरी समझ में

नहीं आता। पर अगर ज़िन्दगी इसी तरह चलती है, तो क्यों मैं ख़ामख़ाह दफ़्तर जाने-आने का भार ढोती रहूँ? बाहर रहने में कम-से-कम अपनी स्वतंत्रता तो होगी। मेरे पास कुछ रुपये पहले के हैं, कुछ मुझे प्राविडेंट फंड के मिल जाएँगे। इतने में एक छोटी-सी जगह पर मेरा काफ़ी दिन गुज़ारा हो सकता है। मैं ऐसी जगह रहना चाहती हूँ जहाँ यहाँ की-सी गन्दगी न हो और लोग इस तरह की छोटी हरकतें न करते हों। ठीक से जीने के लिए इनसान को कम-से-कम इतना तो महसूस होना चाहिए कि उसके आसपास का वातावरण उजला और साफ़ है, और वह एक मेढक की तरह गँदले पानी में नहीं जी रहा।"

"मगर तुम यह कैसे कह सकती हो कि जहाँ भी तुम जाकर रहोगी, वहाँ हर चीज़ वैसी ही होगी जैसी तुम चाहती हो? मैं तो समझता हूँ कि इनसान जहाँ भी चला जाए, अच्छी और बुरी दोनों तरह की चीज़ें उसे अपने आसपास मिलेंगी ही। तुम यहाँ के वातावरण से घबराकर कहीं और जाती हो, तो यह कैसे कहा जा सकता है कि वहाँ का वातावरण भी तुम्हें ऐसा ही नहीं लगेगा? इसलिए मेरे ख़याल से नौकरी छोड़ने की बात तुम ग़लत सोचती हो। तुम यहीं रहो और अपना संगीत और चित्रकला का अभ्यास करती रहो। लोग जैसी बातें करते हैं, करने दो।"

पर मिस पाल की वितृष्णा इससे कम नहीं हुई। "तुम नहीं समझते, रणजीत," वह बोली, "यहाँ ऐसे लोगों के बीच और रहूँगी, तो मेरा दिमाग़ बिलकुल खोखला हो जाएगा। तुम नहीं जानते कि मैं जो तुम्हारे लिए सुबह दूध और सब्ज़ियाँ लेकर जाती रही हूँ, उसे लेकर भी ये लोग क्या-क्या बातें करते रहे हैं। जो लोग अच्छे-से-अच्छे काम का ऐसा कमीना मतलब लेते हों उनके बीच आदमी रह ही कैसे सकता है? मैंने यह सब बहुत दिन सह लिया है, अब और मुझसे नहीं सहा जाता। मैं सोच रही हूँ जितनी जल्दी हो सके यहाँ से चली जाऊँ। बस यही एक बात तय नहीं कर पा रही कि जाऊँ कहाँ। अकेली होने से किसी अनजान जगह जाकर रहते डर लगता है। तुम जानते ही हो कि मैं...।" और बात बीच में छोड़कर वह उठ खड़ी हुई, "अच्छा, तुम्हारे लिए कुछ चाय-वाय तो बनाऊँ। तुम अभी अस्पताल से निकलकर आए हो और मैं हूँ कि अपनी ही बात किए

जा रही हूँ। तुम्हें अभी कुछ दिन घर पर आराम करना चाहिए। अभी से इस तरह चलना-फिरना ठीक नहीं।"

"मैं चाय नहीं पिऊँगा," मैंने कहा, "मैं तुम्हें कुछ समझा तो नहीं सकता, सिर्फ़ इतना कह सकता हूँ कि तुम लोगों की बातों को ज़रूरत से ज़्यादा महत्त्व दे रही हो। मेरा यह भी ख़याल है कि लोग वास्तव में उतने बुरे नहीं हैं जितना कि तुम उन्हें समझती हो। अगर तुम इस नज़र से सोचो कि...।"

"इस बात को रहने दो," मिस पाल ने मेरी बात बीच में काट दी, "मैं इन लोगों से दिल से नफ़रत करती हूँ। तुम इन्हें इनसान समझते हो? मुझे तो ऐसे लोगों से अपना पिंकी ज़्यादा अच्छा लगता है। यह उन सबसे कहीं ज़्यादा सभ्य है।"

पिंकी मिस पाल का छोटा-सा कुत्ता था। वह कुछ देर उसे गोदी में लिये उसके बालों पर हाथ फेरती रही। मैंने पहले भी कई बार देखा था कि वह उस कुत्ते को एक बच्चे की तरह प्यार करती है और उसे खाना खिलाकर बच्चों की तरह ही तौलिये से उसका मुँह पोंछती है। मैं कुछ देर बाद वहाँ से उठकर चला, तो मिस पाल पिंकी को गोदी में लिये मुझे बाहर दरवाज़े तक छोड़ने आई।

"अंकल को टा टा करो," वह पिंकी की एक अगली टाँग हाथ से हिलाती हुई बोली, "टा टा, टा टा!"

मैं लम्बी छुट्टी से वापस आया, तो मिस पाल त्यागपत्र देकर जा चुकी थी। वह अपने बारे में लोगों को इतना ही बताकर गई थी कि वह कुल्लू के किसी गाँव में बसने जा रही है। बाक़ी बातें लोगों की कल्पना ने अपने-आप जोड़ दी थीं।

बस ब्यास के साथ-साथ मोड़ काट रही थी और मेरा मन हो रहा था कि लौटकर रायसन चला जाऊँ। मैं मनाली में दस दिन अकेला रहकर ऊब गया था, और मिस पाल थी कि कई महीनों से वहाँ रहती थी। मैं जानना चाहता था कि वह अकेली वहाँ कैसा महसूस करती है और नौकरी छोड़ने के बाद से उसने क्या-क्या कुछ कर डाला है। यूँ एक अपरिचित स्थान पर किसी पुराने परिचित से मिलने और बात करने का भी अपना आकर्षण होता है। बस जब कुल्लू पहुँचकर रुकी, तो मैंने अपना सामान

वहाँ उतरवाकर हिमाचल राज्य परिवहन के दफ़्तर में रखवा दिया और रायसन के लिए वापसी की पहली बस पकड़ ली। बस ने पन्द्रह-बीस मिनट में मुझे रायसन के बाज़ार में उतार दिया। मैंने वहाँ एक दुकानदार से पूछा कि मिस पाल कहाँ रहती हैं।

"मिस पाल कौन है, भाई?" दुकानदार ने अपने पास बैठे युवक से पूछा।

"वह तो नहीं, वह कटे बालोंवाली मिस?"

"हाँ-हाँ, वही होगी।"

दुकान में और भी चार-पाँच व्यक्ति थे। उन सबकी आँखें मेरी तरफ़ घूम गईं। मुझे लगा जैसे वे मन में यह तय करना चाह रहे हों कि कटे बालोंवाली मिस के साथ मेरा क्या रिश्ता होगा।

"चलिए, मैं आपको उसके यहाँ छोड़ आता हूँ," कहकर युवक दुकान से उतर आया। सड़क पर मेरे साथ चलते हुए उसने पूछा, "क्यों भाई साहब, यह मिस क्या अकेली ही है या...?"

"हाँ, अकेली ही है।"

कुछ देर हम लोग चुप रहकर चलते रहे। फिर उसने पूछा, "आप उसके क्या लगते हैं?"

मुझे समझ नहीं आया कि मैं उसको क्या उत्तर दूँ। पल-भर सोचकर मैंने कहा, "मैं उसका रिश्तेदार नहीं हूँ। उसे वैसे ही जानता हूँ।"

सड़क से बाईं तरफ़ थोड़ा ऊपर को जाकर हम लोग एक खुले मैदान में पहुँच गए। मैदान चारों तरफ़ से पेड़ों से घिरा था और बीच में पाँच-छह जालीदार कॉटेज बने थे, जो बड़े-बड़े मुर्ग़ीख़ानों जैसे लगते थे। लड़का मुझे बताकर कि उनमें पहला कॉटेज मिस पाल का है, वहाँ से लौट गया। मैंने जाकर कॉटेज का दरवाज़ा खटखटाया।

"कौन है?" अन्दर से मिल पाल की आवाज़ सुनाई दी।

"एक मेहमान है मिस, दरवाज़ा खोलो।"

"दरवाज़ा खुला है, आ जाइए।"

मैंने दरवाज़ा धकेलकर खोल लिया और अन्दर चला गया। मिस पाल ने एक चारपाई पर अपना गद्दा लगा रखा था और उसी तरह

दो तकियों के बीच लेटी थी जैसे दिल्ली में अपने तख़्त पर लेटी रहती थी। सिरहाने के पास एक खुली हुई पुस्तक रखी थी—बर्ट्रेंड रसेल की 'कांक्वेस्ट ऑफ़ हैपीनेस'। मैं देखकर तय नहीं कर सका कि वह पुस्तक पढ़ रही थी या लेटी हुई सिर्फ़ छत की तरफ़ देख रही थी। मुझे देखते ही वह चौंककर बैठ गई।

"अरे तुम...?"

"हाँ, मैं। तुमने सोचा भी नहीं होगा कि गया आदमी फिर वापस भी आ सकता है।"

"बहुत अजीब आदमी हो तुम! वापस आना था, तो उसी समय क्यों नहीं उतर गए!"

"बजाय इसके कि शुक्रिया अदा करो जो सात मील जाकर वापस चला आया हूँ...।"

"शुक्रिया अदा करती, अगर तुम उसी समय उतर जाते और मुझे बस में अपनी सीट ले लेने देते।"

मैंने ठहाका लगाया और बैठने के लिए जगह ढूँढ़ने लगा। वहाँ भी चारों तरफ़ वही बिखराव और अव्यवस्था थी जो दिल्ली में उसके घर दिखाई दिया करती थी। हर चीज़ हर दूसरी चीज़ की जगह काम में लाई जा रही थी। एक कुर्सी ऊपर से नीचे तक मैले कपड़ों से लदी थी। दूसरी पर कुछ रंग बिखरे थे और एक प्लेट रखी थी जिसमें बहुत-सी कीलें पड़ी थीं।

"बैठो, मैं झट से तुम्हारे लिए चाय बनाती हूँ," मिस पाल व्यस्त होकर उठने लगी।

"अभी मुझसे बैठने को तो कहा नहीं, और चाय की फ़िक्र पहले से करने लगीं?" मैंने कहा, "मुझे बैठने की जगह बता दो और चाय-वाय रहने दो। इस वक़्त तुम्हारी 'बोहीमियन चाय' पीने का ज़रा मन नहीं है।"

"तो मत पियो। मुझे कौन झंझट करना अच्छा लगता है! बैठने की जगह मैं अभी बनाए देती हूँ।" और कपड़े-अपड़े हटाकर उसने एक कुर्सी ख़ाली कर दी। बाईं तरफ़ एक बड़ी-सी मेज़ थी, पर उस पर भी इतनी चीज़ें पड़ी थीं कि कहीं कुहनी रखने तक की जगह नहीं थी। मैंने

बैठकर टाँगें फैलाने की कोशिश की तो पता चला कपड़ों के ढेर के नीचे मिस पाल ने अपने बनाए ख़ाके रख रखे हैं। मिस पाल फिर से अपने बिस्तर में तकियों के सहारे बैठ गई थी। गद्दे पर उसने वही झीना रेशमी कपड़ा बिछा रखा था, जिसे देखकर मुझे चिढ़ हुआ करती थी। मेरा उस समय भी मन हुआ कि उस कपड़े को निकालकर फाड़ दूँ या कहीं आग में झोंक दूँ। मैंने सिगरेट सुलगाने के लिए मेज़ से दियासलाई की डिबिया उठाई मगर खोलते ही वापस रख दी। डिबिया में दियासलाइयाँ नहीं थीं, गुलाबी-सा रंग भरा था। मैंने चारों तरफ़ नज़र दौड़ाई, मगर और डिबिया कहीं दिखाई नहीं दी।

"दियासलाई किचन में होगी, मैं अभी लाती हूँ," कहती हुई मिस पाल फिर उठी और कमरे से चली गई। मैं उतनी देर आसपास देखता रहा। मुझे फिर उस दिन की याद हो आई जिस दिन मैं मिस पाल के घर देर तक बैठा उससे बातें करता रहा था। पिंकी से मिस पाल के 'टा टा' कराने की बात याद आने से मैं हँस दिया।

तभी मिस पाल दियासलाई की डिबिया लिये आ गई। मेरा अकेले में हँसना शायद उसे बहुत अस्वाभाविक लगा। वह सहसा गम्भीर हो गई।

"किसी ने कुछ पिला-विला दिया है क्या?" उसने मज़ाक़ और शिकायत के स्वर में कहा।

"मैं अपने इस तरह लौटकर आने की बात पर हँस रहा हूँ।" और जैसे अपने को ही अपने झूठ का विश्वास दिलाने के लिए मैंने अपनी हँसी की नकल की और कहा, "मैं सोच भी नहीं सकता था कि इस अनजान जगह पर अचानक तुमसे भेंट हो जाएगी? और तुम्हीं ने कहाँ सोचा होगा कि जो आदमी बस में आगे चला गया था, वह घंटा-भर बाद तुम्हारे कमरे में बैठा तुमसे बात कर रहा होगा!"

और विश्वास करके कि मैंने अपने हँसने के कारण की व्याख्या कर दी है, मैंने पूछा, "तुम्हारा पिंकी कहाँ है? यहाँ दिखाई नहीं दे रहा।"

मिस पाल पहले से भी गम्भीर हो गई। मुझे लगा कि उसका चेहरा अब काफ़ी रूखा लगने लगा है। आँखों में लाली भर रही थी, जैसे कई रातों से वह ठीक से सोई न हो।

"पिंकी को यहाँ आने के बाद एक रात सरदी लग गई थी," उसने अपनी उसाँस दबाकर कहा, "मैंने उसे कितनी ही गरम चीज़ें खिलाईं, पर वह दो दिन में चलता बना।"

मैंने विषय बदल दिया। उससे शिकायत करने लगा कि वह जो अपने बारे में बिना किसी को ठीक बताए दिल्ली से चली आई, यह उसने ठीक नहीं किया।

"दफ़्तर में अब भी लोग मिस पाल की बात करके हँसते होंगे!" उसने ऐसे पूछा जैसे वह स्वयं उस मिस पाल से भिन्न हो, जिसके बारे में वह सवाल पूछ रही थी। पर उसकी आँखों में यह जानने की बहुत उत्सुकता भर रही थी कि मैं उसके सवाल का क्या जवाब देता हूँ।

"लोगों की बातों को तुम इतना महत्त्व क्यों देती हो?" मैंने कहा। "लोग वैसी बातें इसलिए करते हैं कि उनके जीवन में मनोरंजन के दूसरे साधन बहुत कम होते हैं। जब वह व्यक्ति चला जाता है, तो चार दिन में यह भूल जाते हैं कि संसार में उसका अस्तित्व था भी या नहीं।"

कहते-कहते मुझे एहसास हो आया कि मैंने यह कहकर ग़लती की है। मिस पाल मुझसे यही सुनना चाहती थी कि लोग अब भी उसके बारे में उसी तरह बात करते हैं और उसी तरह उसका मज़ाक़ उड़ाते हैं—यह विश्वास उसके लिए अपने वर्तमान को सार्थक समझने के लिए ज़रूरी था।

"हो सकता है तुम्हारे सामने बात न करते हों," मिस पाल बोली, "क्योंकि उन्हें पता है कि हम लोग...अम...अ...मित्र रहे हैं। नहीं तो वे कमीने लोग बात करने से बाज़ आ सकते हैं?"

अच्छा था कि मिस पाल ने मेरी बात पर विश्वास नहीं किया। उसने समझा कि मैं झूठमूठ उसे दिलासा देने की कोशिश कर रहा हूँ।

"हो सकता है बात करते भी हों," मैंने कहा, "पर तुम अब उन लोगों की बात क्यों सोचती हो? कम-से-कम तुम्हारे लिए तो उन लोगों का अब अस्तित्व ही नहीं है।"

"मेरे लिए उन लोगों का अस्तित्व कभी था ही नहीं," मिस पाल ने मुँह बिचका दिया, "मैं उनमें से किसी को अपने पैर के अँगूठे के बराबर भी नहीं समझती थी।"

आँखों से लग रहा था जैसे अब भी उन लोगों को अपने पास देख रही हो और उसे खेद हो कि वह ठीक से उनसे प्रतिशोध क्यों नहीं ले पा रही।

"तुम्हें पता है कि रमेश का फिर लखनऊ ट्रांसफ़र हो गया है?" मैंने बात बदल दी।

"अच्छा, मुझे पता नहीं था!"

पर उसने उस सम्बन्ध में और जानने की उत्सुकता प्रकट नहीं की। मैं फिर भी उसे रमेश के ट्रांसफ़र का क़िस्सा विस्तार से सुनाने लगा। मिस पाल 'हूँ-हाँ' करती रही। पर यह साफ़ था कि वह अपने अन्दर ही कहीं खो गई है।

मैं रमेश की बात कह चुका, तो कुछ क्षण हम दोनों चुप रहे। फिर मिस पाल बोली, "देखो, मैं तुमसे सच कहती हूँ रणजीत, मुझे वहाँ उन लोगों के बीच एक-एक पल काटना असम्भव लगता था। मुझे लगता था, मैं नरक में रहती हूँ। तुम्हें पता ही है, मैं दफ़्तर में किसी से बात करना भी पसन्द नहीं करती थी।"

मैं सुबह मनाली से बिना नाश्ता किए चला था, इसलिए मुझे भूख लग आई थी। मैंने बात को रोटी के प्रकरण पर ले आना उचित समझा। मैंने उससे पूछा कि उसने खाने की क्या व्यवस्था कर रखी है—ख़ुद बनाती है, या कोई नौकर रख रखा है।

"तुम्हें भूख तो नहीं लगी?" मिस पाल अब दफ़्तर के माहौल से बाहर निकल आई, "लगी हो, तो उधर मेरे साथ किचन में चलो। जो कुछ बना है, इस वक़्त तो तुम्हें उसी में से थोड़ा-बहुत खा लेना होगा। शाम को मैं तुम्हें ठीक से बनाकर खिलाऊँगी। मुझे तुम्हारे आने का पता होता, तो मैं इस वक़्त भी कुछ और चीज़ बना रखती। यहाँ बाज़ार में तो कुछ मिलता ही नहीं। किसी दिन अच्छी सब्ज़ी मिल जाए, तो समझो बड़े भाग्य का दिन है। कोई दिन होता है जिस दिन एकाध अंडा मिल जाता है।...शाम को मैं तुम्हारे लिए मछली बनाऊँगी। यहाँ की ट्राउट बहुत अच्छी होती है। मगर मिलती बहुत मुश्किल से है।"

मुझे ख़ुशी हुई कि मैंने सफलतापूर्वक बात का विषय बदल दिया है। मिस पाल बिस्तर से उठकर खड़ी हो गई थी। मैंने भी कुर्सी से उठते

हुए कहा, "आओ, चलकर तुम्हारा रसोईघर तो देख लूँ। इस समय मुझे कसकर भूख लगी है, इसलिए जो कुछ भी बना है वह मुझे ट्राउट से अच्छा लगेगा। शाम को मैं जोगिन्दरनगर पहुँच जाऊँगा।"

मिस पाल दरवाज़े से बाहर निकलती हुई सहसा रुक गई।

"तुम्हें शाम को जोगिन्दरनगर ही पहुँचना है तो लौटकर क्यों आए थे? यह बात तुम गाँठ में बाँध लो कि आज मैं तुम्हें यहाँ से नहीं जाने दूँगी। तुम्हें पता है इन तीन महीनों में तुम मेरे यहाँ पहले ही मेहमान आए हो? मैं तुम्हें आज कैसे जाने दे सकती हूँ?...तुम्हारे साथ कुछ सामान-आमान भी है या ऐसे ही चले आए थे?"

मैंने उसे बताया कि मैं अपना सामान हिमाचल राज्य परिवहन के दफ़्तर में छोड़ आया हूँ और उससे कह आया हूँ कि दो घंटे में मैं लौट आऊँगा।

"मैं अभी पोस्टमास्टर से वहाँ टेलीफ़ोन करा दूँगी। कल तक तुम्हारा सामान यहाँ ले आएँगे। तुम कम-से-कम एक सप्ताह यहाँ रहोगे। समझे? मुझे पता होता कि तुम मनाली में आए हुए हो तो मैं भी कुछ दिन के लिए वहाँ चली आती। आजकल तो मैं यहाँ...ख़ैर...तुम पहले उधर तो आओ, नहीं भूख के मारे ही यहाँ से भाग जाओगे।"

मैं इस नई स्थिति के लिए तैयार नहीं था। उस सम्बन्ध में बाद में बात करने की सोचकर मैं उसके साथ रसोईघर में चला गया। रसोईघर में कमरे जितनी अराजकता नहीं थी, शायद इसलिए कि वहाँ सामान ही बहुत कम था। एक कपड़े की आरामकुर्सी थी, जो लगभग ख़ाली ही थी—उस पर सिर्फ़ नमक का एक डिब्बा रखा हुआ था। शायद मिस पाल उस पर बैठकर खाना बनाती थी। खाना बनाने का और सारा सामान एक टूटी हुई मेज़ पर रखा था। कुर्सी पर रखा हुआ डिब्बा उसने जल्दी से उठाकर मेज़ पर रख दिया और इस तरह मेरे बैठने के लिए जगह कर दी।

फिर मिस पाल ने जल्दी-जल्दी स्टोव जलाया और सब्ज़ी की पतीली उस पर रख दी। कलछी साफ़ नहीं थी, वह उसे साफ़ करने के लिए बाहर चली गई। लौटकर उसे कलछी को पोंछने के लिए कोई कपड़ा नहीं मिला। उसने अपनी क़मीज़ से ही उसे पोंछ लिया और सब्ज़ी को हिलाने लगी।

“दो आदमियों का खाना है भी या दोनों को ही भूखे रहना पड़ेगा?” मैंने पूछा।

“खाना बहुत है,” मिस पाल झुककर पतीली में देखती हुई बोली।

“क्या-क्या है?”

मिस पाल कलछी से पतीली में टटोलकर देखने लगी।

“बहुत कुछ है। आलू भी हैं, बैगन भी हैं और शायद...शायद बीच में एकाध टिंडा भी है। यह सब्ज़ी मैंने परसों बनाई थी।”

“परसों?” मैं ऐसे चौंक गया जैसे मेरा माथा सहसा किसी चीज़ से टकरा गया हो। मिस पाल कलछी चलाती रही।

“हर रोज़ तो नहीं बना पाती हूँ,” वह बोली। रोज़ बनाने लगूँ तो बस खाना बनाने की ही हो रहूँ। और अम्...अ...अपने अकेली के लिए रोज़ बनाने का उत्साह भी तो नहीं होता। कई बार तो मैं सप्ताह-भर का खाना एक साथ बना लेती हूँ और फिर निश्चिन्त होकर खाती रहती हूँ। कहो तो तुम्हारे लिए मैं अभी ताज़ा बना दूँ।”

“तो चपातियाँ भी क्या परसों की ही बना रखी हैं?” मैं अनायास कुर्सी से उठ खड़ा हुआ।

“आओ, इधर आकर देख लो, खा सकोगे या नहीं।” वह कोने में रखे हुए बेंत के सन्दूक के पास चली गई। मैं भी उसके पास पहुँच गया। मिस पाल ने सन्दूक का ढकना उठा दिया। सन्दूक में पच्चीस-तीस खुश्क चपातियाँ पड़ी थीं। सूखकर उन सबने कई तरह की आकृतियाँ धारण कर ली थीं। मैं सन्दूक के पास से आकर फिर कुर्सी पर बैठ गया।

“तुम्हारे लिए ताज़ी चपातियाँ बना देती हूँ,” मिस पाल एक अपराधी की तरह देखती हुई बोली।

“नहीं-नहीं, जो कुछ बना रखा है वही खाएँगे,” मैंने कहा। मगर अपनी इस भलमनसाहत के लिए मेरा मन अन्दर-ही-अन्दर कुढ़ गया।

मिस पाल सन्दूक का ढक्कन बन्द करके स्टोव के पास लौट गई।

“सब्ज़ी तीन दिन से ज़्यादा नहीं चलती,” वह बोली, “बाद में मैं जैम, प्याज़ और नमक से काम चलाती हूँ। यहाँ अलूचे बहुत मिल जाते

हैं, इसलिए मैंने बहुत-सा अलूचे का जैम बना रखा है। खाकर देखो, अच्छा जैम है।...ठहरो, तुम्हें प्लेट देती हूँ।"

वह फिर जल्दी से बाहर चली गई और कमरे से कीलोंवाली प्लेट ख़ाली करके ले आई।

"गिलास में अम्...अ," वह आकर बोली, "सरसों का तेल रखा है। पानी तुम प्याली में ही ले लोगे या...?"

ट्राउट मछली...खाना खाते समय और खाना खा चुकने के बाद भी मिस पाल के दिमाग़ पर ट्राउट मछली की बात ही सवार रही। जैसे भी हो, शाम को वह ट्राउट मछली बनाएगी। उसके हठ की वजह से मैंने उससे कह दिया था कि मैं अगले दिन सुबह तक वहाँ रह जाऊँगा। मिस पाल ने आगे का फ़ैसला अगले दिन पर छोड़ दिया था। उसे शाम के लिए कई और चीज़ों का इन्तज़ाम करना था, क्योंकि ट्राउट मछली आसानी से तो नहीं बन जाती। पहली चीज़ घी चाहिए था। डिब्बे में घी नाममात्र को ही था। प्याज़ और मसाला भी घर में नहीं था। मिट्टी का तेल भी चाहिए था। खाने के बाद हम लोग घूमने के लिए निकले तो पहले वह मुझे साथ बाज़ार में ले गई। हटवार के पास भी घी नहीं था। उसके लिए मिस पाल ने पोस्टमास्टर से अनुरोध किया कि वह अपने घर से उसे शाम के लिए आधा सेर घी भिजवा दे, अगले दिन कुल्लू से लाकर लौटा देगी। उससे उसने यह भी कहा कि वह अपने घर के थोड़े-से फ्रेंच बीन भी उतरवाकर उसे भेज दे, और कोई मछलीवाला उधर से गुज़रे तो उसके लिए सेर-भर ट्राउट ले रखे।

"सब्बरवाल साहब, मैं आपको बहुत तकलीफ़ देती हूँ," वह चलने से पहले सात-आठ बार उसे धन्यवाद देकर बोली, "मगर देखिए, मेरे मेहमान आए हुए हैं, और यहाँ ट्राउट के अलावा कोई अच्छी चीज़ मिलती नहीं। देखती हूँ, अगर बाली मुझे मिल जाए तो मैं उससे कहूँगी कि वह मुझे दरिया से एक मछली पकड़ दे। मगर बाली का कोई भरोसा नहीं। आप ज़रूर मेरे लिए ले रखिएगा। मैंने मिसेज़ एटकिंसन को भी कहला दिया है। उन्होंने भी ले ली तो मैं आज और कल दोनों दिन बना लूँगी। ध्यान रखिएगा। कई बार

मछलीवाला आवाज़ नहीं लगाता और ऐसे ही निकल जाता है। थैंक यू। थैंक यू वेरी मच!"

मेरे सामान के लिए उसने कुल्लू फ़ोन भी करा दिया। अब सड़क पर चलती हुई वह सुबह के नाश्ते की बात करने लगी।

"रात को तो ट्राउट हो जाएगी, मगर सुबह नाश्ता क्या बनाया जाए? डबलरोटी यहाँ नहीं मिलेगी, नहीं तो मैं तुम्हें शहद के टोस्ट ही बनाकर खिलाती। अच्छा ख़ैर, देखो...।"

सड़क पर खुली धूप फैली थी और भेड़ों और पशम के बकरों का रेवड़ हमारे आगे-आगे चल रहा था। साथ दो कुत्ते जीभ लपलपाते हुए पहरेदारी करते जा रहे थे। सामने से एक जीप के आ जाने से रेवड़ में खलबली मच गई। बकरीवाले भेड़ों को पहाड़ की तरफ़ धकेलने लगे। एक भेड़ का बच्चा ढलान से फिसल गया और नीचे से सिर उठाकर मिमियाने लगा। किसी बकरीवाले का ध्यान उसकी तरफ़ नहीं गया तो मिस पाल सहसा परेशान हो उठी, "ए भाई, देखो वह बच्चा नीचे जा गिरा है। बकरीवाले, एक बच्चा नीचे खाई में गिर गया है, उसे उठा लाओ। ए भाई!"

एक दिन पहले वर्षा हुई थी, इसलिए ब्यास ख़ूब चढ़ा हुआ था। नुकीली चट्टानों से छिलता और कटता हुआ पानी शोर करता हुआ बह रहा था। सामने दरिया पार करने का झूला था। झूले की चर्खियाँ घूम रही थीं, रस्सियाँ इकट्ठी हो रही थीं और झूला दो व्यक्तियों को लिये हुए इस पार से उस पार जा रहा था। सहसा झूले में बैठे हुए दोनों व्यक्ति 'ही-ही-ही-ही' करके हँसने लगे, जैसे किसी को चिढ़ा रहे हों। फिर उनमें से एक ने ज़ोर से छींक दिया। झूला उस पार पहुँच गया और वे व्यक्ति उसी तरह हँसते और छींकते हुए उससे उतर गए। झूला छोड़ दिया गया, और उसकी रस्सियाँ इस सिरे से उस सिरे तक आधी गोलाइयों में फैल गईं। जो व्यक्ति उधर उतरे थे, वे उस किनारे से फिर एक बार ज़ोर से हँसे। तभी झूला खींचनेवालों में एक लड़का मचान से उतरकर हमारे पास आ गया। वह ऐसे बात करने लगा जैसे अभी-अभी कोई दुर्घटना होकर हटी हो।

"मिस साहब," उसने कहा, "यह वही सुदर्शन है, जिसने आपके कुत्ते को कुछ खिलाया था। यह अब भी शरारत करने से बाज़ नहीं आता।"

उन व्यक्तियों के हँसने और छींकने का मिस पाल पर उतना असर नहीं हुआ था जितना उस लड़के की बात का हुआ था। उसका चेहरा एकदम से उतर गया और आवाज़ खुश्क हो गई।

"यह उधर के गाँव का आदमी है न?" उसने पूछा।

"हाँ, मिस साहब!"

"तुम पोस्टमास्टर को बताना। वे अपने-आप इसे ठीक कर लेंगे।"

"मिस साहब, यह हमसे कहता है कि यह मिस साहब...!"

"तुम इस वक़्त जाओ, अपना काम करो," मिस पाल उसे झिड़ककर बोली, "पोस्टमास्टर से कहना वे इसे एक दिन में ठीक कर देंगे।"

"मगर मिस साहब...!"

"जाओ, फिर कभी उधर आकर बात करना।"

लड़के की समझ में नहीं आया कि मिस साहब से बात करने में उस समय उससे क्या अपराध हुआ है। वह सिर लटकाए हुए चुपचाप वहाँ से लौट गया।

कुछ देर हम लोग वहीं रुके रहे। मिस पाल जैसे थकी हुई-सी सड़क के किनारे एक बड़े-से पत्थर पर बैठ गई। मैं दरिया के उस पार पहाड़ की चोटी पर उगे हुए वृक्षों की लम्बी पंक्ति को देखने लगा, जो नीले आकाश और गुब्बारे-जैसे सफ़ेद बादलों के बीच खिंची हुई लकीर-सी लगती थी। दरिया के दोनों तरफ़ पुल के सलेटी खम्भे खड़े थे, जिन पर अभी पुल नहीं बना था। खम्भों के आसपास से झड़कर थोड़ी-थोड़ी मिट्टी दरिया में गिर रही थी। मैंने उधर से आँखें हटाकर मिस पाल की तरफ़ देखा। मिस पाल मेरी तरफ़ देख रही थी। शायद वह जानना चाहती थी कि झूलेवाले लड़के की बात का मेरे मन पर क्या प्रभाव पड़ा है।

"तो आगे चलें?" मुझसे आँखें मिलते ही उसने पूछा।

"हाँ चलो।"

मिस पाल उठ खड़ी हुई। उसकी साँस कुछ-कुछ फूल रही थी। वह चलती हुई मुझे बताने लगी कि वहाँ के लोगों में कितनी तरह के

अन्धविश्वास हैं। जब पिंकी बीमार हुआ तो वहाँ के लोगों ने सोचा था कि किसी ने उसे कुछ खिला-विला दिया है।

"ये अनपढ़ लोग हैं। मैंने इनकी बातों का विरोध भी नहीं किया। ये लोग अपने अन्धविश्वास एक दिन में थोड़े ही छोड़ सकते हैं! इस चीज़ में जाने अभी कितने बरस लगेंगे!"

और रास्ते में चलते हुए वह बार-बार मेरी तरफ़ देखती रही कि मुझे उसकी बात पर विश्वास हुआ है या नहीं। मैंने सड़क से एक छोटा-सा पत्थर उठा लिया था और चुपचाप उसे उछालने लगा था। काफ़ी देर तक हम लोग ख़ामोश चलते रहे। वह ख़ामोशी मुझे अस्वाभाविक लगने लगी तो मैंने मिस पाल से वापस घर चलने का प्रस्ताव किया।

"चलो, चलकर तुम्हारी बनाई हुई नई तस्वीरें ही देखी जाएँ," मैंने कहा, "इन तीन-चार महीनों में तो तुमने काफ़ी काम कर लिया होगा।"

"पहले घर चलकर एक-एक प्याली चाय पीते हैं," मिस पाल बोली। "सचमुच इस समय मैं चाय की गरम प्याली के लिए ज़िन्दगी की कोई भी चीज़ क़ुर्बान कर सकती हूँ। मेरा तो मन था कि घर से चलने से पहले ही एक-एक प्याली पी लेते, मगर फिर मैंने कहा कि पोस्टमास्टर से कहने में देर हो जाएगी तो मछलीवाला निकल जाएगा।"

इस बात ने मेरे मन को थोड़ा गुदगुदा दिया कि तीन महीने में आया हुआ पहला मेहमान उस समय मिस पाल के लिए अपनी तस्वीरों से भी अधिक महत्त्वपूर्ण है।

लौटकर कॉटेज में पहुँचते ही मिस पाल चाय बनाने में व्यस्त हो गई। वह आते हुए काफ़ी थक गई थी, क्योंकि ज़रा-सी चढ़ाई चढ़ने में ही उसकी साँस फूलने लगती थी, मगर वह ज़रा देर भी सुस्ताने के लिए नहीं रुकी। चाय के लिए उसकी यह व्यस्तता मुझे बहुत अस्वाभाविक लगी, शायद इसलिए कि मुझे ख़ुद चाय की ज़रूरत महसूस नहीं हो रही थी। मिस पाल इस तरह चम्मचों और प्यालियों को ढूँढ़ने के लिए परेशान हो रही थी, जैसे उसके दस मेहमान चाय का इन्तज़ार कर रहे हों और उसे समझ न आ रहा हो कि कैसे जल्दी से सारा इन्तज़ाम करे।

मैं घूमकर कमरे में और बरामदे में लगी हुई तस्वीरों को देखने लगा। जिस-जिस तस्वीर पर भी मेरी नज़र पड़ी, मुझे लगा वह मेरी पहले की देखी हुई है। कुछ बड़ी तस्वीरें थीं जो मिस पाल पंजाब के एक मेले से बनाकर लाई थी। वह अजीब-अजीब से चेहरे थे, जिन पर हम लोग एक बार फब्तियाँ कसते रहे थे। जाने क्यों, मिस पाल अपने चित्रों के लिए सदा ऐसे ही चेहरे चुनती थी जो किसी-न-किसी रूप में विकृत हों! मैंने सारा कमरा और बरामदा घूम लिया। दो-एक अधूरी तस्वीरों को छोड़कर मुझे एक भी नई चीज़ दिखाई नहीं दी, मैंने रसोईघर में जाकर मिस पाल से पूछा कि उसकी नई तस्वीरें कहाँ हैं।

"अजी छोड़ो भी," मिस पाल प्यालियाँ धोती हुई बोली, "चाय की प्याली पीकर हम लोग ऊपर की तरफ़ घूमने चलते हैं। ऊपर एक बहुत पुराना मन्दिर है। वहाँ का पुजारी तुम्हें ऐसे-ऐसे क़िस्से सुनाएगा कि तुम सुनकर हैरान रह जाओगे। एक दिन वह बता रहा था कि यहाँ कुछ मन्दिर ऐसे हैं, जहाँ लोग पहले तो देवता से वर्षा के लिए प्रार्थना करते हैं, मगर बाद में अगर देवता वर्षा नहीं देता तो उसे हिडिम्बा के मन्दिर में ले जाकर रस्सी से लटका देते हैं। है नहीं मजेदार बात? जो देवता तुम्हारा काम न करे, उसे फाँसी लगा दो। मैं कहती हूँ रणजीत, यहाँ लोगों में इतने अन्धविश्वास हैं, इतने अन्धविश्वास हैं कि क्या कहा जाए! ये लोग अभी तक जैसे कौरवों-पांडवों के ज़माने में ही जीते हैं, आज के ज़माने से इनका कोई सम्बन्ध ही नहीं है।"

और एक बार उड़ती नज़र से मुझे देखकर वह चीनी ढूँढ़ने में व्यस्त हो गई। "अरे चीनी कहाँ चली गई? अभी हाथ में थी, और अभी न जाने कहाँ रख दी? देखो, कैसी भुलक्कड़ हो गई हूँ! मेरा तो बस एक ही इलाज है कि कोई हाथ में छड़ी लेकर मुझे ठीक करे। यह भी कोई रहने का ढंग है जैसे मैं रहती हूँ?"

"तुमने यहाँ के कुछ लैंडस्केप नहीं बनाए?" मैंने पूछा।

"तस्वीरें तो बहुत-सी शुरू कर रखी हैं, पर अभी तक पूरी नहीं कर सकी," मिस पाल जैसे उस मुश्किल स्थिति से बचने का प्रयत्न करती हुई बोली, "अब किसी दिन लगकर सबकी-सब तस्वीरें पूरी करूँगी।

तारपीन का तेल भी ख़त्म हो चुका है, किसी दिन जाकर लाना है। कई दिनों से सोच रही थी कि मंडी जाकर कैनवस और रंग भी ले आऊँ, पर यूँ ही आलस कर जाती हूँ। कुछ ड्राइंग पेपर भी जिल्द कराने हैं। अब जाऊँगी किसी दिन और सारे काम एक साथ ही कर आऊँगी।"

बात करते हुए मिस पाल की आँखें झुकी जा रही थीं, जैसे वह अपने ही सामने किसी चीज़ के लिए अपराधी हो, और लगातार बात करके अपने अपराध के अनुभव को छिपाना चाहती हो। मैं चुप रहकर उसे चाय में चीनी मिलाते देखता रहा। उसे देखते हुए उस समय मेरे मन में कुछ वैसी उदासी भरने लगी जैसी एक निर्जन समुद्र-तट पर या ऊँची पहाड़ियों से घिरी हुई किसी एकान्त पथरीली घाटी में जाकर अनायास मन में भर जाती है।

"कल से एक तो मैं अपने घर को ठीक करूँगी," मिस पाल क्षण-भर बाद फिर उसी तरह बिना रुके बात करने लगी, "एक तो घर का सारा सामान ठीक ढंग से लगाना है। तुम्हें पता है, मैंने कितने चाव से दिल्ली में अपने कमरे के लिए जाली के पर्दे बनवाए थे? वे पर्दे यहाँ ज्यों-के-त्यों बक्स में बन्द पड़े हैं; मेरा लगाने को मन ही नहीं हुआ। मैं कल ही तरखान से कहकर पर्दों के लिए चौखटे बनवाऊँगी। खाने-पीने का थोड़ा-बहुत सामान भी घर में रखना ही चाहिए; बिस्कुट, मक्खन, डबलरोटी और अचार का होना तो बहुत ही ज़रूरी है। जो चीज़ें कुल्लू से मिल जाती हैं वे तो मैं लाकर रख ही सकती हूँ।...तारपीन का तेल भी मुझे कुल्लू से ही मिल जाएगा।"

उसने चाय की प्याली मेरे हाथ में दे दी तो भी मेरे मुँह से कोई बात नहीं निकली, और मैं चुपचाप छोटे-छोटे घूँट भरने लगा। मेरे मन को उस समय एक तरह की जड़ता ने घेर लिया था। कहाँ मिस पाल के बारे में दिल्ली के लोगों से सुनी हुई वे सब बातें और कहाँ उसके जीवन की यह एकान्त विडम्बना!

ट्राउट मछली! मिस पाल की सारी परेशानी के बावजूद उस दिन उसे ट्राउट नहीं मिल सकी। पोस्टमास्टर ने बताया कि मछलीवाला उस दिन आया ही नहीं। मिस पाल के बहुत-बहुत ख़ुशामद करने पर भी

मकान-मालकिन का चौकीदार बाली दरिया से मछली पकड़ने के लिए राज़ी नहीं हुआ। उसने कहा कि वह अपनी छड़ी पॉलिश कर रहा है, उसे फ़ुरसत नहीं है। मिसेज़ एटकिंसन के बच्चों ने एक मछली पकड़ी थी। मगर उसके पति ने उस दिन ख़ास तौर पर मछली की कतलियों के लिए कहा था, इसलिए वह अपनी मछली मिस पाल को नहीं दे सकती थी। हाँ, पोस्टमास्टर ने फ्रेंच बीन ज़रूर भेज दिये। चावल और सूखे फ्रेंच बीन! रात की रोटी के लिए मिस पाल का सारा उत्साह ठंडा पड़ गया। खाना बनाने में उसका मन भी नहीं लगा, जिससे चावल थोड़ा नीचे लग गए। खाना खाते समय मिस पाल बस अफ़सोस ही प्रकट करती रही।

"मैं बहुत बदक़िस्मत हूँ रणजीत, हर लिहाज़ से मैं बहुत ही बदक़िस्मत हूँ," खाना खाने के बाद हम लोग बाहर मैदान में कुर्सियाँ निकालकर बैठ गए तो उसने कहा। वह सिर के पीछे हाथ रखे आकाश की ओर देख रही थी। बारहीं या तेरहीं की रात होने से आकाश में तीन तरफ़ खुली चाँदनी फैली थी। ब्यास की आवाज़ वातावरण में एक गूँज पैदा कर रही थी। वृक्षों की सरसराहट के अतिरिक्त मैदान की घास से भी एक धीमी-सी सरसराहट निकलती प्रतीत होती थी। हवा तेज़ थी और सामने पहाड़ के पीछे से उठता हुआ बादल धीरे-धीरे चाँद की तरफ़ सरक रहा था।

"क्या बात है मिस पाल, तुम इस तरह गुमसुम क्यों हो रही हो?" मैंने कहा, "चावल थोड़े ख़राब हो गए, तो इसमें इस तरह उदास होने की क्या बात है!"

मिस पाल सामने पहाड़ की धुँधली रेखा को देखती रही, जैसे उसमें कोई चीज़ खोज रही हो।

"मैं सोचती हूँ रणजीत कि मेरे जीने का कोई भी अर्थ नहीं है," उसने कहा।

और वह मुझे अपने आरम्भिक जीवन की कहानी सुनाने लगी। उसे बहुत बड़ी शिकायत थी कि आरम्भ में अपने घर में भी उसे ज़रा सुख नहीं मिला, यहाँ तक कि अपने माता-पिता का स्नेह भी उसे नहीं मिला। उसकी माँ ने—उसकी अपनी माँ ने—भी उसे प्यार नहीं किया। इसी वजह से पन्द्रह साल पहले वह अपना घर छोड़कर नौकरी करने के लिए निकल आई थी।

"सोचो, माँ को मेरा घर में होना ही बुरा लगता था। पिताजी को मेरे संगीत सीखने से चिढ़ थी। वे कहा करते थे कि मेरा घर, घर है, रंडीख़ाना नहीं। भाइयों का जो थोड़ा-बहुत प्यार था, वह भी भाभियों के आने के बाद छिन गया। मैंने आज तक कितनी-कितनी मुश्किल से अपनी अम्...अ... पवित्रता को बचाया है, यह मैं ही जानती हूँ। तुम सोच सकते हो कि एक अकेली लड़की के लिए यह कितना मुश्किल होता है। मेरा लाहौर की तरफ़ घूमने जाने को मन था; वहाँ की कुल तस्वीरें बनाना चाहती थी, मगर मैं वहाँ नहीं गई, क्योंकि मैं सोचती थी कि मर्द की पशु-शक्ति के सामने अम्...अ...मैं अकेली क्या कर सकूँगी। फिर, तुम्हें पता है कि डिपार्टमेंट के लोग वहाँ मेरे बारे में कैसी बुरी-बुरी बातें किया करते थे। इसीलिए मैं कहती हूँ कि मुझे वहाँ के एक-एक आदमी से नफ़रत है। वे तुम्हारे बुखारिया और मिर्ज़ा और जोरावरसिंह। मैं तो कभी ऐसे लोगों के साथ बैठकर एक प्याली चाय भी पीना पसन्द नहीं करती थी। तुम्हें याद है, एक बार जब जोरावरसिंह ने मुझसे कहा था..."

और फिर वह दफ़्तर के जीवन की कई छोटी-छोटी घटनाएँ दोहराने लगी। जब मैंने देखा कि वह फिर से उसी वातावरण में जाकर ख़ामख़ाह अपना ग़ुस्सा भड़का रही है तो मैंने उससे फिर कहा कि वह अब दफ़्तर के लोगों के बारे में न सोचे, अपने संगीत और अपने चित्रों की बात ही सोचे।

"तुम यहाँ रहकर कुछ अच्छी-अच्छी चीज़ें बना लो, फिर दिल्ली आकर अपनी प्रदर्शनी करना।" मैंने कहा, "जब लोग तुम्हारी चीज़ें देखेंगे और तुम्हारा नाम सुनेंगे तो अपने-आप तुम्हारी क़द्र करेंगे।"

"न, मैं प्रदर्शनी-अदर्शनी के किसी चक्कर में नहीं पड़ूँगी।" मिस पाल उसी तरह सामने की तरफ़ देखती हुई बोली, "तुम जानते ही हो, इन सब चीज़ों में कितनी पॉलिटिक्स चलती है। मैं उस पॉलिटिक्स में नहीं पड़ना चाहती। मेरे पास अभी तीन-चार हज़ार रुपये हैं, जिनसे मेरा काफ़ी दिन गुज़ारा चल जाएगा। जब ये रुपये चुक जाएँगे, तो..." और वह जैसे कुछ सोचती हुई चुप कर गई।

मैं आगे की बात सुनने के लिए बहुत उत्सुक था। मगर मिस पाल

कुछ देर बाद कन्धे हिलाकर बोली, "...तो भी कुछ-न-कुछ हो ही जाएगा। अभी वह वक़्त आए तो सही।"

बादल ऊँचा उठ रहा था और वातावरण में ठंडक बढ़ती जा रही थी। जंगल की तरफ़ से आती हुई हवा की गूँज शरीर में बार-बार सिहरन भर देती थी। साथ के कॉटेज में रेडियो पर पश्चिमी संगीत चल रहा था। उससे आगे के कॉटेज में लोग खिलखिलाकर हँस रहे थे। मिस पाल अपनी आँखें मूँदे हुए मुझे बताने लगी कि होशियारपुर में उसने भृगुसंहिता से अपनी कुंडली निकलवाई थी। उस कुंडली के फल के अनुसार इस जन्म में उस पर यह शाप है कि उसे कोई सुख नहीं मिल सकता—न धन का, न ख्याति का, न प्यार का। इसका कारण भी भृगुसंहिता में दिया था। अपने पिछले जन्म में वह सुन्दर लड़की थी और नृत्य-संगीत आदि कलाओं में बहुत पटु थी। उसके पिता बहुत धनी थे और वह उनकी अकेली सन्तान थी। जिस व्यक्ति से उसका ब्याह बहुत वह बहुत सुन्दर और धनी था। "मगर मुझे अपनी सुन्दरता और अपनी कला का बहुत मान था, इसलिए मैंने अपने पति का आदर नहीं किया। कुछ ही दिनों में वह बेचारा दुखी होकर इस संसार से चल बसा। इसीलिए मुझ पर अब यह शाप है कि इस जन्म में मुझे सुख नहीं मिल सकता।"

मैं चुपचाप उसे देखता रहा। अभी दिन में ही वह वहाँ के लोगों के अन्धविश्वासों की चर्चा करती हुई उनका मज़ाक़ उड़ा रही थी। सहसा मिस पाल भी बोलते-बोलते चुप कर गई और उसकी आँखें मेरे चेहरे पर स्थिर हो गईं। उसके लिपस्टिक से रँगे हुए होंठों की तह में जैसे उस समय कोई चीज़ काँप रही थी। काफ़ी देर हम लोग चुप बैठे रहे। बादल ने चाँद को छा लिया था और चारों तरफ़ गहरा अँधेरा हो रहा था। सहसा साथ के कॉटेज की बत्ती भी बुझ गई, जिससे अँधेरा और भी गहरा लगने लगा।

मिस पाल उसी तरह मेरी तरफ़ देख रही थी। मुझे महसूस होने लगा कि मेरे आसपास की हवा कुछ भारी हो रही है। मैं सहसा कुर्सी पीछे सरकाकर उठ खड़ा हुआ।

"मेरा ख़याल है, अब रात काफ़ी हो गई है," मैंने कहा, "इसलिए अब चलकर सो रहा जाए। और बातें अब सुबह होंगी।"

"हाँ-हाँ," मिस पाल भी अपनी कुर्सी से उठती हुई बोली, "मैं अभी चलकर बिस्तर बिछा देती हूँ। तुम बताओ, तुम्हारा बिस्तर बरामदे में बिछा दूँ या..."

"हाँ, बरामदे में ही बिछा दो। अन्दर काफ़ी गरमी होगी।"

"देख लो, रात में ठंड हो जाएगी।"

"कोई बात नहीं, बरामदे में हवा आती रहेगी तो अच्छा लगेगा।"

और बरामदे में लेटे हुए मैं देर तक जाली से बाहर देखता रहा। बादल पूरे आकाश में छा गया था और दरिया का शब्द बहुत पास आया-सा लगता था। जाली से लगा हुआ मकड़ी का जाला हवा से हिल रहा था। पास ही कोई चूहा, कोई चीज़ कुतर रहा था। अन्दर कमरे से बार-बार करवट बदलने की आवाज़ सुनाई दे जाती थी।

"रणजीत!" अन्दर से आवाज़ आई तो मेरे सारे शरीर में एक सिहरन भर गई।

"मिस पाल!"

"सरदी तो नहीं लग रही?"

"नहीं, बल्कि हवा है, इसलिए अच्छा लग रहा है।"

और तभी टप्-टप्-टप्-टप् मोटी-मोटी बूँदें पड़ने लगीं। पानी की बौछार मेरे बिस्तर पर आने लगी तो मैंने करवट बदली। बरामदे की बत्ती मैंने जलती रहने दी थी, इसलिए कई चीज़ें इधर-उधर बिखरी नज़र आ रही थीं। बिस्तर बिछाते समय मिस पाल को घर की काफ़ी उथल-पुथल करनी पड़ी थी। मेरी चारपाई के पास ही एक तिपाई औंधी पड़ी थी और उससे ज़रा आगे तस्वीरों के कुछ-एक फ्रेम रास्ते में गिरे थे। सामने के कोने में मिस पाल के ब्रश और कपड़े एक ढेर में उलझे हुए पड़े थे।

अन्दर की चारपाई चिरमिराई और लकड़ी के फ़र्श पर पैरों की धप्-धप् आवाज़ सुनाई देने लगी। फिर सुराही से चुल्लू में पानी पीने की आवाज़ आने लगी।

"रणजीत!"

"मिस पाल!"

"प्यास तो नहीं लगी?"

"नहीं।"

"अच्छा, सो जाओ।"

कुछ देर मुझे लगता रहा जैसे मेरे आसपास एक बहुत तेज़ साँस चल रही है जो धीरे-धीरे दबे पैरों, सारे वातावरण पर अधिकार करती जा रही है, और आसपास की हर चीज़ अपने पर उसका दबाव महसूस कर रही है। पानी की बौछार कुछ धीमी पड़ने लगी तो मैंने फिर से जाली की तरफ़ करवट बदल ली और पहले की तरह ही बाहर देखने लगा। तभी पास ही झन्न से किसी चीज़ के गिरने की आवाज़ सुनाई दी।

"क्या गिरा है रणजीत?" अन्दर से आवाज़ आई।

"पता नहीं, शायद किसी चूहे ने कुछ गिरा दिया है।"

"सचमुच मैं यहाँ चूहों से बहुत तंग आ गई हूँ।"

मैं चुप रहा। अन्दर की चारपाई फिर चरमराई।

"अच्छा, सो जाओ!"

सारी रात पानी पड़ता रहा। सुबह-सुबह, वर्षा थम गई, मगर आकाश साफ़ नहीं हुआ। सुबह उठकर चाय के समय तक मेरी मिस पाल से ख़ास बात नहीं हुई। चाय पीते समय भी मिस पाल अधूरे-अधूरे टुकड़ों में ही बात करती रही। मैंने उससे कहा कि मैं अब पहली बस से चला जाऊँगा तो उसने एक बार भी मुझसे रुकने के लिए आग्रह नहीं किया। यूँ साधारण बातचीत में भी मिस पाल काफ़ी तकल्लुफ़ बरत रही थी, जैसे किसी बिलकुल अपरिचित व्यक्ति से बात कर रही हो। मुझे उसका सारा व्यवहार बहुत अस्वाभाविक लग रहा था। वह जैसे बात न करने के लिए ही अपने को छोटे-छोटे कामों में व्यस्त रख रही थी। मैंने दो-एक बार उससे हल्के-से मज़ाक़ करने का भी प्रयत्न किया जिससे तनाव हट जाए और मैं उससे ठीक से विदा लेकर जा सकूँ, मगर मिस पाल के चेहरे पर हल्की-सी मुस्कराहट भी नहीं आई।

"अच्छा तो मिस पाल, अब चलने की बात की जाए," आख़िर मैंने कहा, "तुम कल कह रही थीं कि तुम भी कुल्लू तक साथ ही चलोगी। तो

अच्छा होगा कि तुम आज ही वहाँ से अपना सारा सामान भी ले आओ। बाद में तुम फिर आलस कर जाओगी।"

"नहीं, मैं आलस नहीं करूँगी," मिस पाल बोली, "किसी दिन जाकर जो-जो कुछ लाना है, सब ले आऊँगी।"

और फिर बरामदे में बिखरे हुए कपड़ों को बिना मतलब ही उठाकर इधर-से-उधर रखते हुए उसने कहा, "आज बरसात का दिन है, इसलिए आज नहीं जाऊँगी। कल या परसों किसी समय देखूँगी। लाने के लिए कितनी ही चीज़ें हैं, इसलिए अच्छी तरह सब सोचकर जाना चाहिए। आज घिरा हुआ दिन है, इसलिए आज नहीं...।"

"घिरा हुआ दिन है तो क्या घर का सामान नहीं आएगा?" मैंने अपने आग्रह से उसे सुलझाने की चेष्टा करते हुए कहा, "तुम मुझे बताओ कि घी और तारपीन के डिब्बे कहाँ रखे हैं। कोई बड़ा थैला हो तो वह भी साथ में ले लो। फुटकर चीज़ें उसमें आ जाएँगी। यहाँ से जो भी बस मिलेगी, उसमें हम लोग साथ-साथ चले चलेंगे। मैं कुल्लू से बारह बजे की बस पकड़कर आगे चला जाऊँगा। तुम्हें तो उधर से लौटने के लिए सारा दिन बसें मिलती रहेंगी।"

मैं जान-बूझकर इस तरह की बात कर रहा था जैसे मिस पाल का साथ चलना निश्चित ही हो, हालाँकि मैं जानता था कि वह टालने का पूरा प्रयत्न करेगी। मिस पाल इधर-से-उधर जाती हुई ढूँढ़-ढूँढ़कर अपने करने के लिए काम निकाल रही थी। उसके चेहरे से लग रहा था जैसे मेरी बातें उसे बिलकुल व्यर्थ लग रही हों और वह जल्द-अज़-जल्द अपने एकान्त में लौट जाना चाहती हो।

"देखो, कभी-कभी यहाँ बस में एक भी सीट नहीं मिलती," उसने कहा, "दो-दो सीटें मिलना तो बहुत ही मुश्किल है। तुम मेरी वजह से अपनी बारह बजे की बस क्यों मिस करते हो? तुम चले जाओ, मैं कल या परसों जाकर जो कुछ भी मुझे लाना है, ले आऊँगी।" और जैसे सहसा कोई काम याद आ जाने से वह जल्दी से अपना चेहरा दूसरी तरफ़ हटाए हुए कमरे में चली गई। कुछ देर में वह पेटीकोट लिये हुए कमरे से बाहर आई। पेटीकोट को टिड्डियाँ काट गई थीं। उसने जैसे नुक़सान की परेशानी

की वजह से ही चेहरा सख़्त किए हुए उसे एक तरफ़ कोने में फेंक दिया और किसी तरह कठिनाई से बोली, "मैंने तुमसे कह दिया है कि तुम चले जाओ। तुम्हें पता है कि मुझे तो अकेली को ही दो सीटें चाहिए।"

"ये सब बहाने तुम रहने दो," मैंने कहा। "एक बस में जगह नहीं मिलेगी तो दूसरी में मिल जाएगी। तुम इधर आकर मुझे बताओ कि वे डिब्बे कहाँ रखे हैं।"

मिस पाल शायद ज़्यादा बात नहीं करना चाहती थी, इसलिए उसने मेरी बात का विरोध नहीं किया।

"अच्छा तुम बैठो, मैं अभी ढूँढ़ती हूँ," उसने कहा और आँखें बचाती हुई रसोईघर में चली गई।

पहली बस में सचमुच हम लोगों को जगह नहीं मिली। ड्राइवर ने बस वहाँ रोकी ही नहीं, और हाथ के इशारे से कह दिया कि बस में जगह नहीं है। दूसरी बस में भी जगह नहीं थी, मगर किसी तरह कह-कहाकर हमने उसमें अपने लिए जगह बना ली। मगर हम कुल्लू काफ़ी देर से पहुँचे, क्योंकि रात की बरसात से एक जगह सड़क टूट गई थी और उसकी मरम्मत की जा रही थी। हमारे कुल्लू पहुँचने के लगभग साथ ही बारह बजे की बस भी मनाली से आ पहुँची। पौने बारह हो चुके थे। मैंने अन्दर जाकर अपने सामान का पता किया, फिर बाहर मिस पाल के पास आ गया। मिस पाल ने ख़ाली डिब्बे अपने दोनों हाथों में सँभाल रखे थे। मैं डिब्बे उसके हाथों से लेने लगा तो उसने अपने हाथ पीछे हटा लिये।

"चलो, पहले बाज़ार में चलकर तुम्हारा सामान ख़रीद लें," मैंने कहा।

"अब सामान की बात रहने दो," उसने कहा। "तुम्हारी बस आ गई है, तुम इसमें चले जाओ। सामान तो मैं किसी भी समय ख़रीद लूँगी। तुम्हें इसके बाद फिर किसी बस में जगह नहीं मिलेगी। दो बजे की बस मनाली से ही भरी हुई आती है। तुम्हारा एक दिन और यहाँ ख़राब होगा।"

"दिन ख़राब होने की क्या बात है," मैंने कहा। "पहले चलकर बाज़ार से सामान ख़रीद लेते हैं। अगर आज सचमुच किसी बस में जगह नहीं मिली तो मैं तुम्हारे साथ लौट चलूँगा और कल किसी बस से चला आऊँगा। मुझे वापस पहुँचने की ऐसी कोई जल्दी नहीं है।"

"नहीं तुम चले जाओ," मिस पाल हठ के साथ बोली, "अपने लिए ख़ामख़ाह मैं तुम्हें क्यों परेशान करूँ? अपना सामान तो मैं जब कभी भी ले लूँगी।"

"मगर मुझे लगता है कि आज तुम ये डिब्बे इसी तरह लिये हुए ही लौट जाओगी।"

"अरे नहीं," मिस पाल की आँखें उमड़ आईं और वह अपने आँसुओं को रोकने के लिए दूसरी तरफ़ देखने लगी, "तुम समझते हो मैं अपने शरीर की देखभाल ही नहीं करती। अगर न करती तो यह इतना शरीर ऐसे ही होता?...लाओ पैसे दो मैं तुम्हारा टिकट ले आती हूँ। देर करोगे तो इस बस में भी जगह नहीं मिलेगी।"

"तुम इस तरह ज़िद क्यों करती हो मिस पाल? मुझे जाने की सचमुच ऐसी कोई जल्दी नहीं है।" मैंने कहा।

"मैंने तुमसे कहा है, तुम पैसे निकालो, मैं तुम्हारा टिकट ले आऊँ। मगर नहीं, तुम रहने दो। कल का तुम्हारा टिकट मेरी वजह से ख़राब हुआ था। मैं फिर तुमसे पैसे किसलिए माँग रही हूँ?"

और वह डिब्बे वहीं रखकर झटपट टिकटघर की तरफ़ बढ़ गई।

"ठहरो, मिस पाल," मैंने असमंजस में अपना बटुआ जेब से निकाल लिया।

"तुम रुको, मैं अभी आ रही हूँ। तुम उतनी देर में अपना सामान निकलवाकर ऊपर रखवाओ।"

मेरा मन उस समय न जाने कैसा हो रहा था, फिर भी मैंने अन्दर से अपना सामान निकलवाया और बस की छत पर रखवा दिया। मिस पाल तब तक टिकटघर के बाहर ही खड़ी थी। शनिवार होने के कारण उस दिन स्कूल में जल्दी छुट्टी हो गई थी और बहुत-से बच्चे बस्ते लटकाए सुलतानपुर की पहाड़ी से नीचे आ रहे थे। कई बच्चे बस की सवारियों को देखने के लिए वहाँ आसपास जमा हो रहे थे। मिस पाल उस समय प्याज़ी रंग की सलवार-क़मीज़ पहने थी और ऊपर काला दुपट्टा लिये थी। उन कपड़ों की वजह से उसका शरीर पीछे से और भी फैला हुआ लगता था। बच्चे एक-दूसरे से आगे होते हुए टिकटघर के नज़दीक जाने

लगे। मिस पाल टिकटघर की खिड़की पर झुकी हुई थी। एक लड़के ने धीरे से आवाज़ लगाई, "कमाल है भई कमाल है!"

इस पर आसपास खड़े बहुत-से बच्चे हँस दिये। मुझे लगा जैसे किसी ने मेरे भारी मन पर एक और बड़ा पत्थर डाल दिया हो। बच्चे सब-के-सब टिकटघर के आसपास जमा हो गए थे और आपस में खुसुर-फुसुर कर रहे थे। मैं उनसे कुछ कह भी नहीं सकता था, क्योंकि उससे मिस पाल का ध्यान ख़ामख़ाह उनकी तरफ़ चला जाता। मैं उधर से अपना ध्यान हटाकर दरिया की तरफ़ से आते हुए लोगों को देखने लगा। फिर भी बच्चों की खुसुर-फुसुर मेरे कानों में पड़ती रही। दो लड़कियाँ बहुत धीरे-धीरे आपस में बातें कर रही थीं, "मर्द है!"

"नहीं, औरत है।"

"तू सिर के बाल देख, बाक़ी शरीर देख। मर्द है।"

"तू कपड़े देख, और सब कुछ देख। औरत है।"

"आओ, बच्चो आओ, पास आकर देखो," मिस पाल की आवाज़ से मैं जैसे चौंक गया। मिस पाल टिकट लेकर खिड़की से हट आई थी। बच्चे उसे आते देखकर 'आ गई, आ गई' कहते भाग खड़े हुए। एक बच्चे ने सड़क के उस तरफ़ जाकर फिर ज़ोर से आवाज़ लगाई, "कमाल है भई कमाल है!"

मिस पाल सड़क पर आकर कई क़दम बच्चों के पीछे चली गई।

"आओ बच्चो, यहाँ हमारे पास आओ," वह कहती रही, "हम तुम्हें मारेंगे नहीं, टॉफियाँ देंगे। आओ..."

मगर बच्चे पास आने के बजाय और भी दूर भाग गए। मिस पाल कुछ देर सड़क के बीच रुकी रही, फिर लौटकर मेरे पास आ गई। उस समय उसके चेहरे का भाव बहुत विचित्र लग रहा था। उसकी आँखों में आए हुए आँसू नीचे गिरने को हो रहे थे और उन्हें झुठलाने के लिए एक फीकी हँसी हँसने का प्रयत्न कर रही थी। उसने अपने होंठों को जाने किस तरह काटा था कि एकाध जगह से उसकी लिपस्टिक नीचे फैल गई थी। उसकी घिसी हुई क़मीज़ की सीवनें कन्धे के पास से खुल रही थीं।

"ख़ूबसूरत बच्चे थे; नहीं?" उसने आँखें झपकाते हुए कहा।

मैंने उसकी बात का समर्थन करने के लिए सिर हिलाया तो मुझे लगा कि मेरा सिर पत्थर की तरह भारी हो गया है। उसके बाद मेरी समझ में कुछ नहीं आया कि मिस पाल मुझसे क्या कह रही है और मैं उससे क्या बात कर रहा हूँ; जैसे आँखों और शब्दों के साथ विचारों का कोई सम्बन्ध ही नहीं रहा था। मुझे इतना याद है कि मैंने मिस पाल को टिकट के पैसे देने का प्रयत्न किया, मगर वह पीछे हट गई और मेरे बहुत अनुरोध करने पर भी उसने पैसे नहीं लिये। मगर किस अवचेतन प्रक्रिया से हम लोगों के बीच अब तक बातचीत का सूत्र बना रहा, यह मैं नहीं जान सका। मेरे कान उसे बोलते सुन रहे थे और अपने को भी। परन्तु वे जैसे दूर की ध्वनियाँ थीं—अस्फुट, अस्पष्ट और अर्थहीन। जो बात मैं ठीक से सुन सका वह यही थी, "और वहाँ जाकर, रणजीत, दफ़्तर में मेरे बारे में किसी से बात मत करना। समझे? तुम्हें पता ही है कि वे लोग कितने ओछे हैं। बल्कि अच्छा होगा कि तुम किसी को यह भी न बताओ कि तुम मुझे यहाँ मिले थे। मैं नहीं चाहती कि वहाँ कोई भी मेरे बारे में कुछ जाने या बात करे। समझे।"

बस तब स्टार्ट हो रही थी और मैं खिड़की से झाँककर मिस पाल को देख रहा था। बस चली तो मिस पाल हाथ हिलाने लगी। दोनों ख़ाली डिब्बे वह अपने हाथों में लिये हुए थी। मैंने एक बार उसकी तरफ़ हाथ हिलाया और बस के मुड़ने तक हिलते हुए ख़ाली डिब्बों को ही देखता रहा।

■

आर्द्रा

बचन को थोड़ी ऊँघ आ गई थी, पर खटका सुनकर वह चौंक गई। इरावती ड्योढ़ी का दरवाज़ा खोल रही थी। चपरासी गणेशन आ गया था। इसका मतलब था कि छह बज चुके थे। बचन के शरीर में ऊब

और झुँझलाहट की झुरझुरी भर गई। बिन्नी न रात को घर आया था, न सुबह से अब तक उसने दर्शन दिये थे। इस लड़के की वजह से ही वह यहाँ परदेस में पड़ी थी, जहाँ न कोई उसकी ज़बान समझता था, न वह किसी की ज़बान समझती थी। एक इरावती ही थी जिससे वह टूटी-फूटी हिन्दी में बात कर लेती थी, हालाँकि उसकी पंजाबी हिन्दी और इरावती की कोंकणी हिन्दी में ज़मीन-आसमान का फ़र्क़ था। जब इरावती भी उसकी सीधे-सादे शब्दों में कही साधारण-सी बात को न समझ पाती, तो वह बुरी तरह विवशता के खेद से दब जाती। और इस लड़के को रत्ती चिन्ता नहीं थी कि माँ किस मुश्किल से दिन काटती है और किस बेसब्री से इसका इन्तज़ार करती है। मन में आया, तो घर आ गए, नहीं तो जहाँ हुआ पड़ रहे।

एक मादा सूअर अपने छह बच्चों के साथ, जो अभी नौ-नौ इंच से बड़े नहीं हुए थे, कुएँ की तरफ़ से आ रही थी। तूत के बुड्ढे पेड़ के पास पहुँचकर उसने हुँफ्-हुँफ् करते हुए दो-तीन बार नाली को सूँघा और फिर पेड़ के नीचे कीचड़ में लोटने लगी। उसके नन्हे आत्मज उसके उठने की राह देखते हुए वहीं आसपास मँडराते रहे।

दिन-भर गली में यही सिलसिला चलता था। आसपास के सभी घरों ने सूअर पाल रखे थे। उस बस्ती में लोगों के दो ही धन्धे थे—सूअर पालना और नाजायज़ शराब निकालना। ये दोनों चीज़ें उनके रोज़ के खान-पान में शामिल थीं। बस्ती, सान्ता क्रुज़ हवाई अड्डे से कुल आधा मील के फ़ासले पर थी, पर पुलिस की आँख वहाँ नहीं पहुँचती थी। मोनिका का बाप जैकब गली में ही भट्ठी लगाता था। वह गली का सबसे बड़ा पियक्कड़ था और अक्सर पीकर गाता हुआ गली में चक्कर लगाया करता था : "ओ दैट आई हैड विंग्ज़ ऑफ़ एंजल्स, हियर टु स्प्रेड एंड हैवनवर्ड फ्लाऽऽई..."

उस वक़्त भी वह रोज़ की तरह कुएँ के मोड़ के पास से लड़खड़ाता हुआ आ रहा था। उसके लफ़्ज़ बचन की समझ से बाहर थे, मगर उसकी आवाज़ ही उसके दिल में दहशत पैदा करने के लिए काफ़ी थी। "ओ दैट आई हैड विंग्ज़ ऑफ़ एंजल्स, हियर टु स्प्रेड एंड हैवनवर्ड फ्लाऽऽई!

आई वुड सीक द गेट्स ऑफ़ सायन, फार बियांड द स्टाऽऽरी स्काऽऽई! होइ-हो! हो-हो-होऽऽ! ओ दैट आई हैड विंग्ज़ ऑफ़ एंजल्स...!"

उसका चौड़ा-चौकोर चेहरा वैसे ही भयानक था—अपने ढीले-ढाले काले सूट में वह और भी भयानक दिखाई देता था। चेचक के दागों और झुर्रियों से भरा उसका चेहरा दीमक खाई लकड़ी की तरह जान पड़ता था। दूर से ही उस आदमी की आवाज़ सुनकर बचन का दिल धड़कने लगता और वह अपना दरवाज़ा बन्द कर लेती। उसने कितनी ही बार बिन्नी से कहा था कि वह उस बस्ती से मकान बदल ले, मगर वह हर बार यह कहकर टाल देता था कि बम्बई की और किसी बस्ती में बीस रुपये महीने में मकान नहीं मिल सकता। बचन डर के मारे बिन्नी के आने तक लालटेन की लौ भी ज़्यादा ऊँची नहीं करती थी। अँधेरा बहुत बोझिल महसूस होता था, मगर वह मन मारे बैठी रहती थी।

लालटेन की चिमनी नीचे से आधी काली हो गई थी। बचन को उसे साफ़ करने का उत्साह नहीं हुआ। अँधेरा होने लगा, तो उसने जैसे फ़र्ज़ पूरा करने के लिए उसे जला दिया और एक अज्ञात देवता के सामने हाथ जोड़ने की प्रक्रिया पूरी करके घुटनों पर बाँहें रखे वहीं बैठी रही। सामने मोढ़े के नीचे लाली का कार्ड रखा था। वह अक्षरों की बनावट से परिचित थी, पर हज़ार आँखें गड़ाकर भी उनका अर्थ नहीं जान सकती थी। बिन्नी के सिवा हिन्दी की चिट्ठी पढ़नेवाला वहाँ कोई नहीं था, हालाँकि बिन्नी से चिट्ठी पढ़वाकर भी उसे सुख नहीं मिलता था। वह लाली की चिट्ठी इस तरह पढ़कर सुनाता था जैसे वह उसके बड़े भाई की चिट्ठी न होकर गली के किसी ग़ैर आदमी के नाम आई किसी नावाक़िफ़ आदमी की चिट्ठी हो। दो मिनट में ही वह पहली सतर से लेकर आख़िरी सतर तक सारी चिट्ठी गुन-गुन करके बाँच देता था, और फिर उसे कोने में फेंककर इधर-उधर की हाँकने लगता था। हर बार उससे चिट्ठी सुनकर वह क़ुढ़ जाती थी। पर बिन्नी उसे नाराज़ देखता, तो तरह-तरह की बातें बनाकर ख़ुश कर लिया करता था।

उसे ख़ुश होते देर नहीं लगती थी। बिन्नी इतना बड़ा होकर भी जब-

तब उससे बच्चों की तरह लाड़ करने लगता था। कभी उसकी गोदी में सिर रखकर लेट जाता, और कभी उसके घुटनों से गाल सहलाने लगता। ऐसे क्षणों में उसका दिल पिघल जाता और वह उसके बालों पर हाथ फेरती हुई उसे छाती से लगा लेती।

"माँ, तेरा छोटा लड़का कपूत है न?" बिन्नी कहता।

"हा-ह," वह हटकने के स्वर में कहती। "तू कपूत है? तू तो मेरा चन्न है," और वह उसका माथा चूम लेती।

लेकिन अक्सर वह बहुत तंग पड़ जाती थी। बहुत-सी रातें ऐसी गुज़रती थीं जब वह घर आता ही नहीं था। अँधेरे घर की छत उसे दबाने को आती थी और वह सारी-सारी रात करवटें बदलती रहती थी। ज़रा आँख झपक जाती, तो उसे बुरे-बुरे सपने दिखाई देने लगते। इसलिए कई बार कोशिश करके आँखें खुली रखती थी।

और बिन्नी आता, तो अपने में ही उलझा हुआ और व्यस्त-सा। वह समझ नहीं पाती थी कि उस लड़के को किस चीज़ की व्यस्तता रहती है। जहाँ तक कमाने का सवाल था, वह महीने में मुश्किल से साठ-सत्तर रुपये घर लाता था। कभी दस रुपये ज़्यादा ले आता, तो साथ अपनी माँगें सामने रख देता—"इस बार माँ, दो क़मीज़ें सिल जाएँ और एक बढ़िया-सा जूता ले लिया जाए।" उसकी बातों से बचन के होंठों पर रूखी-सी मुस्कराहट आ जाती थी। दस रुपये में ही उसे दुनिया-भर का सामान चाहिए! और जब वह साठ से भी कम रुपये लाता, तो महीने-भर की बड़ी आसान-सी योजना उसके सामने पेश कर देता—'दूध-सब्ज़ी का नागा। दाल, प्याज़, खुश्क फुलके और बस!'

वह जानती थी कि ये रुपये भी वह ट्यूशन-ऊशन करके ले आता है, वरना सही माने में वह बेकार ही है। उसके दिल में बड़े-बड़े मनसूबे ज़रूर थे और उनका बखान करते वक़्त वह छोटा-मोटा भाषण दे डालता था। मगर उन मनसूबों को पूरा करने के लिए जिस दुनिया की ज़रूरत थी, वह दुनिया अभी बनी नहीं थी। वह जोश से उँगलियाँ नचा-नचाकर कहता, "माँ, जब वह दुनिया बन जाएगी, तो तुझे पता चलेगा कि तेरा नालायक़ बेटा कितना लायक़ है!"

"चुप कर ख़सम खाना!" वह प्रशंसा की नज़र से उसे देखती हुई कहती, "बड़ा लायक़ एक तू ही है।"

"माँ, मेरी लियाकत मेरे पेट में बन्द है!" वह हँसता। "जिस तरह हिरन के पेट में कस्तूरी बन्द होती है न, उसी तरह। जिस दिन वह खुलकर सामने आएगी, उस दिन तू अचम्भे से देखती रह जाएगी।"

उसे बिन्नी की बातें सुनकर गर्व होता था। मगर जब वह लड़का बहुत गुमसुम और बन्द-बन्द-सा हो रहता, तो उसे उलझन होने लगती थी।

बिन्नी के साथ उसके अजीब-अजीब दोस्त घर आया करते थे। उन लोगों का शायद कोई ठौर-ठिकाना था ही नहीं, क्योंकि वे आते तो दो-दो दिन वहीं पड़े रहते थे, और खाने-पीने में किसी तरह का शरम-लिहाज़ नहीं बरतते थे। तवे से उतरती रोटी के लिए जब वे आपस में छीना-झपटी करने लगते, तो उसे मन में बहुत ख़ुशी का अनुभव होता। मगर अक्सर उसकी दाल की पतीली ख़ाली हो जाती, और यह देखकर कि उन लोगों की भूख अभी बनी है, उसे घर की ग़रीबी अपना अपराध प्रतीत होती। ऐसे समय उसकी आँखों में नमी भर जाती और वह ध्यान बँटाने के लिए दूसरे काम करने लगती। वे लोग रूखी नमकीन रोटियों की फ़रमाइश करते, तो वह चुपचाप उन्हें बना देती। मगर उन्हें खिलाने का उसका सारा उत्साह तब तक समाप्त हो चुका होता।

और उन लोगों के बहस-मुबाहिसे कभी समाप्त नहीं होते थे। वे सब ज़ोर-ज़ोर से बोलते थे और इस तरह आपस में उलझ जाते थे जैसे उनकी बहस पर ही धरती और ईश्वर का दारोमदार हो। कई बार वे इतने गरम हो जाते थे कि लगता था अभी एक-दूसरे को नोच लेंगे, मगर सहसा उस उत्तेजना के बीच से एक क़हक़हा फूट पड़ता और वे उठ-उठकर एक-दूसरे से बग़लगीर होने लगते। बिन्नी बचपन में बहुत ख़ामोश लड़का था। अब उसे इस तरह हुड़दंग करते देखकर उसे हैरानी होती थी। कई-कई घंटे घर में तूफ़ान मचा रहता था। उसके बाद फिर ख़ामोशी छा जाती जो बहुत ही अस्वाभाविक और दम घोंटनेवाली महसूस होती। जब बिन्नी दो-दो दिन घर न आता, तो उस ख़ामोशी के ओर-छोर गुम हो जाते और वह अपने को सदा से एक गहरे शून्य में घिरी हुई महसूस करती।

अँधेरा गहरा होने लगा और मोनिका का बाप जाकर अपने कमरे में बन्द हो गया तो उसने फिर दरवाज़ा खोल लिया। मादा सूअर और उसके बच्चे अब सामने घर के अहाते में डेरा जमाए थे और एक मोटा सूअर नाली के पास हुँफ्-हुँफ् कर रहा था। हवा तेज़ हो गई थी, और तूत के बुड्ढे पेड़ की डालियाँ बुरी तरह हिल रही थीं। आसमान का जो छोर दिखाई देता था, वहाँ रह-रहकर बिजली चमक जाती थी। दो महीने से प्राय: रोज़ वर्षा हो रही थी। घर से कुएँ तक गली में कीचड़-ही-कीचड़ रहता था। इस कीचड़ के लिए बचन को लड़के-लड़कियों की उन टोलियों से शिकायत थी जो वर्षा शुरू होने से पहले आधी-आधी रात तक गली में घूमती हुई ऊँचे स्वर में ईश्वर से पानी बरसाने के लिए प्रार्थना किया करती थीं। अब जैसे उन्हीं की वजह से सारा दिन गली में चिपड़-चिपड़ होती रहती थी।

ड्योढ़ी के दरवाज़े पर फिर दस्तक हुई। इरावती ने दरवाज़ा खोल दिया और बिन्नी मुस्कराता हुआ उधर से अन्दर आ गया।

"आगे की तरफ़ बहुत कीचड़ है भाभी, माफ़ करना," कहता हुआ वह अपने कमरे में आ गया। इरावती ने उस पर एक शिकायत की नज़र डालकर दरवाज़ा बन्द कर लिया। उसके सिर के बाल बुरी तरह उलझे थे और कुरता-पाजामा बहुत मुचड़ गया था। ज़ाहिर था कि वह सुबह जिस हाल में सोकर उठा था, अब तक उसी हाल में था, और उसे मुँह-हाथ धोने का भी वक़्त नहीं मिला था।

"माँ, जल्दी से रोटी डाल दे, भूख लगी है!" आते ही चारपाई पर फैलते हुए उसने आदेश दिया। बचन चुपचाप अपनी जगह बैठी रही। न उठी, और न ही उसने मुँह से कुछ कहा। कुछ क्षण प्रतीक्षा करने के बाद बिन्नी ने सिर उठाया और कहा, "माँ, रोटी...।"

"रोटी आज नहीं बनी है," वह बोली। "मुझे क्या पता था कि लाटसाहब आज भी घर आएँगे कि नहीं! रात की रोटी मैंने सवेरे खाई, सवेरे की अब खाई है। मैं क्यों रोज़-रोज़ बासी रोटी खाती रहूँ? जा, किसी तन्दूर पर जाकर खा ले।"

बिन्नी हँसता हुआ चारपाई से उठ बैठा और माँ के मोढ़े के पास

चला आया। "यहाँ तन्दूर है कहाँ, जहाँ जाकर खा लूँ?" वह बोला। "मेरे हिस्से की जो बासी रोटी रखी थी, वह तूने क्यों खाई? निकाल मेरी बासी रोटी..." और वह माँ का घुटना पकड़कर बैठ गया।

"मेरे पेट से निकाल ले अपनी बासी रोटी!" बचन ने आरम्भ किया मीठी झिड़की के रूप में, पर वाक्य समाप्त करते-करते उसकी आँखें गीली हो गईं!

बिन्नी ने उसकी गीली आँखें नहीं देखीं। वह उठकर रोटीवाले डिब्बे के पास चला गया और बोला, "डिब्बे में रखी होगी, ज़रूर रखी होगी।"

बचन ने उसकी नज़र बचाकर आँखें पोंछ लीं। बिन्नी रोटीवाला डिब्बा लिये उसके सामने आ बैठा। डिब्बे में कटोरा-भर दाल के साथ चार रोटियाँ कपड़े में लपेटकर रखी थीं। बिन्नी ने जल्दी से एक रोटी का टुकड़ा तोड़ लिया।

"यह तो ताज़ी रोटी है!" वह टुकड़ा मुँह में ठूँसे हुए बोला।

"बासी रोटी खाने को माँ जो है!" कहकर बचन उठ खड़ी हुई। उसने पानी का गिलास भरकर उसके पास रख दिया। बिन्नी ने एक घूँट में गटागट गिलास ख़ाली कर दिया और बोला, "थोड़ा और!"

बचन ने गिलास उठा लिया और सुराही से उसमें पानी डालती हुई बोली, "लाली का कार्ड आया है।"

"अच्छा!" कहकर बिन्नी रोटी खाता रहा। उसने कार्ड के बारे में ज़रा भी जिज्ञासा प्रकट नहीं की। बचन का दिल दुख गया। वह गिलास बिन्नी के आगे रखकर बिना एक शब्द कहे अहाते में चली गई और चारपाई पर दरी डालकर पड़ गई। उसका दिल उछलकर आँखों से बाहर आने को हो रहा था, पर वह किसी तरह चेहरा सख़्त किए अपने को रोके रही। थोड़ी देर में बिन्नी जूठे पानी से हाथ धोकर मुँह पोंछता हुआ अन्दर से आ गया।

"कहाँ है कार्ड?" उसने पूछा।

"कहीं नहीं है," बचन ने रुँधे स्वर में कहा और करवट बदल ली।

"अब बता दे न, जल्दी से सब समाचार पढ़ दूँ।"

"सो जा, मुझे कोई समाचार नहीं पढ़वाने हैं।"

"पढ़वाने क्यों नहीं हैं, मैं अभी सब सुनाता हूँ," कहकर बिन्नी अन्दर

चला गया और कार्ड ढूँढ़कर ले आया। साथ लालटेन भी उठा लाया। आधे मिनट में उसने सरसरी नज़र से सारा कार्ड पढ़ डाला।

"भैया की तबीयत ठीक नहीं है," वह लालटेन ज़मीन पर रखकर माँ की चारपाई के पैताने बैठ गया। बचन सहसा उठकर बैठ गई। बिन्नी ने गुनगुन करके पहली डेढ़ी पंक्ति पढ़ी और फिर उसे सुनाने लगा। लाली ने लिखा था कि उसका ब्लड-प्रेशर फिर बढ़ गया था, डॉक्टर ने उसे आराम करने की सलाह दी है। कुसुम की तबीयत अब ठीक है और उसका रंग भी लाली पर आ रहा है। उन्होंने मकान बदल लिया है क्योंकि पहला मकान हवादार नहीं था और बच्चों को वहाँ से स्कूल जाने में भी दिक़्क़त होती थी। अब दीवाली पास आ रही है, इसलिए बच्चे दादी माँ को बहुत याद करते हैं। उसे गए छह महीने से ऊपर हो गए हैं, इसलिए हो सके, तो दीवाली के दिनों में आकर मिल जाए।

"इसके बाद सबकी नमस्ते है," कहकर बिन्नी ने कार्ड रख दिया।

"यह नहीं लिखा कि किस डॉक्टर का इलाज कर रहा है?"

"तू जैसे वहाँ के सब डॉक्टरों को जानती है।"

बिन्नी ने बात अनायास कह दी थी, पर बचन का मन छिल गया। उसके चेहरे पर फिर कठिनता आ गई।

"मैं कल वहाँ चली जाती हूँ," उसने कहा।

"तू चली जाएगी तो मैं यहाँ अकेला कैसे रहूँगा? मेरी रोटी...?"

बचन ने वितृष्णा से उसे देखा, जिसका मतलब था कि तेरी रोटी क्या उसकी जान से ज़्यादा प्यारी है?

"तू कौन घर की रोटी पर रहता है," मुँह से उसने इतना ही कहा।

"भैया का ब्लड-प्रेशर कोई नई बीमारी तो है नहीं..." बिन्नी फिर कहने लगा।

"तू ये बातें रहने दे, मैं कल यहाँ से जा रही हूँ," बचन ने उसकी बात को बीच में ही काट दिया। कुछ क्षण दोनों ख़ामोश रहे। फिर बिन्नी 'अच्छा' कहकर उसके पास से उठ गया।

अगले दिन सुबह वह 'अभी थोड़ी देर में आता हूँ' कहकर घर से चला गया और दोपहर तक लौटकर नहीं आया। बचन का किसी काम

में मन नहीं लग रहा था। फिर भी उसने किसी तरह खाना बनाया और घर के सब छोटे-मोटे काम पूरे किए। बिन्नी की चारों-पाँचों क़मीज़ें लेकर उनके टूटे बटन भी लगा दिये। फिर अपनी दरी और कपड़े एक जगह इकट्ठे कर लिये। यह तय नहीं था कि वह उस दिन वहाँ से जा पाएगी या नहीं। बिन्नी सुबह उसे निश्चित कुछ बताकर नहीं गया था। सम्भव था कि वह रात तक घर आए ही नहीं। रात को भी उसके आने का भरोसा नहीं था। यह भी डर था कि बिन्नी के पास किराये लायक़ पैसे शायद हों ही नहीं। उस दिन महीने की उन्नीस तारीख़ थी। और उन्नीस तारीख़ को बिन्नी के पास पैसे कब रहते थे? उस हालत में उसे तीन-चार तारीख़ तक जाना टालना पड़ेगा। वह यह भी नहीं जानती थी कि दीवाली इस बार किस तारीख़ को पड़ेगी। वह सोचने लगी कि इस बीच लाली की तबीयत और ज़्यादा ख़राब हो गई, तो? उसे काफ़ी ज़्यादा तकलीफ़ होगी, जो उसने चिट्ठी में लिखा है। नहीं वह चिट्ठी में कभी न लिखता। ऐसे में वह पन्द्रह-बीस दिन वहाँ से न जा सकी, तो?

तभी बिन्नी आ गया। उसके साथ उसका लम्बे बालोंवाला दोस्त शशि भी था, जिसकी गरदन बात करते हुए तोते की तरह हिलती थी। वह उसकी दाल का सबसे बड़ा प्रशंसक था। आते ही दाल की फ़रमाइश करता था। हमेशा की तरह वे गली से ऊँची आवाज़ में बात करते हुए आए।

"मैं तेरा टिकट ले आया हूँ," बिन्नी ने आते ही कहा। "मंगलबाड़ी से शशि को साथ लिया, और वहीं से टिकट भी ले लिया। पर तू तो अभी तैयार ही नहीं हुई...!"

"तैयार क्या होती? तू मुझसे कहकर गया था...?"

"जब रात को तय हो गया था, तो सुबह कहने की क्या ज़रूरत थी? अच्छा, अब जल्दी से तैयार हो जा। गाड़ी में दो घंटे हैं। तेरे लिए नकद सवाबीस ख़र्च करके आया हूँ, वे भी उधार के।"

बचन को बुरा लगा कि वह बाहर के आदमी के सामने ऐसी बात क्यों कह रहा है। क्या वह नहीं जानती थी कि टिकट के लिए रुपये उधार लेने पड़े होंगे? वह कब चाहती थी कि उसकी वजह से उस पर उधार चढ़े? वह उससे कह देता, तो वह बारह-चौदह दिन बाद चली जाती।

वह कुछ न कहकर अपने कपड़े दरी में लपेटने लगी।

"हट माँ, तुझे बिस्तर बाँधना आता भी है?" बिन्नी आगे बढ़ आया। "उलटी-सीधी रस्सी बाँधेगी, और कहीं से बिस्तर को मोटा कर देगी, कहीं से पतला। हट जा; मैं अभी एक मिनट में बाँध देता हूँ। ऐसा बिस्तर बँधेगा कि वहाँ पहुँचकर भी तेरा खोलने को जी नहीं करेगा।"

"तू रोटी खा ले, मैं बिस्तर बाँध लेती हूँ," बचन की आँखें भर आईं।

"रोटी खानेवाला आदमी मैं साथ लाया हूँ," वह माँ के लपेटे कपड़ों को फिर से फैलाता हुआ बोला, "यह इसीलिए आया है कि तू चली जाएगी, तो तेरे हाथ की दाल फिर इसे कहाँ मिलेगी?"

बचन की गीली आँखों में हल्की मुस्कराहट भर गई।

"इसे भी खिला दे," वह बोली, मैं अभी दो फुलके और बना देती हूँ।"

"और बनाने की ज़रूरत नहीं। जो बने हैं, वही खा लेंगे।"

"पहले मैं खा लूँ, फिर जो बचें वे इसे दे देना," कहकर शशि गरदन उठाकर हँस दिया। बिन्नी बिस्तर बाँधता रहा। वह उन दोनों के लिए रोटी डालकर ले आई।

"तैयार!" बिन्नी ने हाथ झाड़े और शशि के साथ खाना खाने में जुट गया।

"माँ, अपने लिए रोटी रख लेना और जितनी बचे वह सब हमें ला देना," शशि दाल सुड़कता हुआ बोला। वे दोनों खा चुके, तो बचन ने जल्दी से बरतन समेट दिये।

"अब माँ, तू भी जल्दी से खा ले," बिन्नी ने कुल्ला करके हाथ पोंछते हुए कहा।

"मैंने खा ली है।"

"कब खा ली है?" बिन्नी ने पास जाकर उसके कन्धे पकड़ लिये।

"तेरे आने से पहले।"

"झूठी!"

"सच, मैंने खा ली है।"

"आगे तो कभी इतनी जल्दी नहीं खाती।"

"आज खा ली है।...घर से जाना था न! तुम दोनों तो भूखे नहीं रहे?"

"एक-चौथाई भूखे रह गए!" शशि ने डकार लेकर तौलिये से मुँह पोंछा और उसे खूँटी पर टाँगकर हँसने लगा।

स्टेशन पर उसे गाड़ी में बिठाकर वे दोनों प्लेटफ़ार्म पर टहलते रहे। रात को भी उसने ठीक से नहीं खाया था, इसलिए भूख के मारे उसका सिर चकरा रहा था। वह जानती थी कि बिन्नी को पता है उसने कुछ नहीं खाया। इसीलिए उसके मना करने पर भी वह आधा दर्जन केले लेकर रख गया था। वह एक बार कह चुकी थी कि उसे भूख नहीं है, इसलिए केले वैसे ही रखे थे। बिन्नी हठ से कहता, तो वह खा लेती। मगर बिन्नी और शशि टहलते हुए दूर चले गए थे। शायद अब भी उनमें बहस चल रही थी। उसकी समझ में नहीं आता था कि ये लोग इतनी बहस क्यों करते हैं। हर वक़्त बहस, बहस, बहस! बहस का कोई अन्त भी होता है! जैसे सारी दुनिया के झगड़े इन्हीं को निपटाने हों! फटेहाल रहेंगे, सेहत का ज़रा ध्यान नहीं रखेंगे, और बातें, जैसे दुनिया की दौलत के यही मालिक हों, और उसे बाँटने की समस्या इन्हीं के सिर पर आ पड़ी हो।

वे दोनों प्लेटफ़ार्म के उस सिरे तक होकर वापस आ रहे थे। वह उनके चेहरे देख रही थी। माथे पर सलवटें डाले वे हाथ हिला-हिलाकर बातें कर रहे थे। फिर भी वे बच्चे-से दीखते थे। उस समय शायद वे यह भी भूल गए थे कि वे उसे गाड़ी पर छोड़ने आए हैं। सहसा गार्ड की सीटी सुनकर वे उसके डिब्बे के पास आ गए। मगर वहाँ आकर भी उनकी बहस चलती रही—करघे का काम रुक जाएगा तो कितने आदमी बेकार हो जाएँगे। इसलिए अच्छा यही है कि मालिकों से बात चलती रहे और कामगर काम जारी रखें। बचन सोचने लगी कि ये लोग कभी अपने काम के बारे में बात क्यों नहीं करते? अपनी बेकारी की चिन्ता इन्हें क्यों नहीं सताती?

गाड़ी चलने लगी, तो बिन्नी को जैसे उसके पास होने का होश हुआ और उसका हाथ पकड़कर उसने कहा, "अच्छा माँ...।"

बचन के होंठों पर रूखी-सी मुस्कराहट आ गई। उसने बारी-बारी से उन दोनों के सिर पर हाथ फेरा।

"तू कब लौटकर आएगी?"

"जब भी तू बुलाएगा।"

गाड़ी ने रफ़्तार पकड़ ली। वह देर तक खिड़की से सिर निकालकर उन्हें देखती रही। दोनों हाथ-में-हाथ डाल गेट की तरफ़ जा रहे थे। उनकी बहस शायद अब भी चल रही थी।

बचन को घर आए पन्द्रह दिन हो गए थे।

"बिन्नी की चिट्ठी नहीं आई?" उसने लाली के कमरे के बाहर रुककर पूछा। लाली से सवाल पूछने में उसका स्वर थोड़ा दब जाता था। वह बेटा बड़ा होते-होते इतना बड़ा हो गया था कि वह अपने को उससे छोटी महसूस करने लगी थी।

"आ जा, माँ," लाली ने काग़ज़ों से आँखें उठाकर कहा, "चिट्ठी उसकी आज भी नहीं आई। न जाने इस लड़के को क्या हो गया है!"

"तू काम कर, मैं जा रही हूँ," वह बोली, "सिर्फ़ चिट्ठी का ही पूछने आई थी।"

वह बरामदे से होकर अपने कमरे में आ गई। जानती थी कि लाली का समय क़ीमती है। वह आधी-आधी रात तक बैठकर दूसरे दिन के केस तैयार करता है। मुवक्किलों की वजह से उसका खाने-पीने का भी समय निश्चित नहीं रहता। इधर छह महीने में उसकी व्यस्तता पहले से कहीं बढ़ गई थी। नये घर में आ जाने से जगह का तो आराम हो गया था, मगर कचहरी पहले से भी दूर हो गई थी। लाली की व्यस्तता के कारण कई बार वह सारा-सारा दिन उससे बात नहीं कर पाती थी। रात को वह बैठक से उठकर आता, तो सीधा अपने सोने के कमरे में चला जाता। दिन-भर की थकान के बाद वह उसके आराम में खलल नहीं डालना चाहती थी। सवेरे वह कुसुम से पूछ लेती कि रात को उसकी तबीयत कैसी रही है। कुसुम संक्षेप में उसे बता देती।

"सोने से पहले उसके सिर में बादाम रोगन डाल दिया कर," वह कुसुम से कहती।

"मैं कई बार कहती हूँ, पर ये डलवाते ही नहीं," कुसुम जैसे रटा-रटाया उत्तर दे देती।

"मुझे बुला लिया कर, मैं आकर डाल दिया करूँगी।"

"डालने को नौकर है, पर ये डलवाते ही नहीं।"

वह जानती थी कि सिर में बादाम रोगन डलवाने के लिए लाली को किस तरह राज़ी किया जा सकता है। मगर कुसुम अपने को लाली की ज़्यादा अन्तरंग समझती थी, और उसके सुझावों से सहमति प्रकट करती हुई भी करती वही थी जो उसके अपने मन में होता था। कुसुम जिस शिष्टता और कोमलता से बात करती थी, उससे बचन को लगता था कि वह उस घर में केवल मेहमान है। दिन-भर उसके करने के लिए वहाँ कोई काम नहीं होता था। खाना बनाने के लिए एक नौकर था, ऊपर का काम करने के लिए दूसरा। उनके काम की देखभाल के लिए कुसुम थी। बचन जब भी कोई काम करने के लिए कहती, तो कुसुम झट उसे मना कर देती—नौकर के रहते अपने हाथ से काम करने की क्या ज़रूरत है? यही बात लाली भी कह देता था—माँ, तू काम करेगी, तो घर में दो-दो नौकर किसलिए हैं?

बचन सोचती कि काम करने के लिए नौकर हैं, और देखभाल के लिए कुसुम है, फिर घर में उसका होना किसलिए है? सवेरे पाँच बजे से रात के दस बजे तक वह क्या करे? पन्द्रह दिन पहले जब वह आई ही थी, तो बच्चे उसे घेरे रहते थे। उन्हें दादी माँ से हज़ारों बातें कहनी और शिकायतें करनी थीं। मगर चार दिन में ही उनके लिए उसकी नवीनता समाप्त हो गई थी। उनकी अपनी छोटी-छोटी व्यस्तताएँ थीं, जिनमें उनका समय बँटा हुआ था। अब भी कभी-कभी कुमुद ज़रूर उसके पास आ जाती थी, और उसके कमरे में एक तरफ़ ख़ामोश खेलती रहती थी। उसे शायद दादी माँ इसलिए अच्छी लगती थी कि उसकी माँ दोनों भाइयों को ज़्यादा प्यार करती थी...।

बचन कमरे में आकर चारपाई पर लेट गई। मन ताने-बाने बुनने लगा। बिन्नी ने अभी तक चिट्ठी क्यों नहीं लिखी? वहाँ अँधेरे घर में इस वक़्त वह अकेला सोया होगा। रोटी का जाने उसने क्या प्रबन्ध किया है? उसने चलते वक़्त उससे पूछा भी नहीं कि वह पीछे कैसे रहेगा, कहाँ से रोटी खाएगा? उसके पास रहते वह तन-बदन की होश भूला रहता था, अब

जाने उसकी क्या हालत होगी? चिट्ठी लिख देता, तो कुछ तो तसल्ली हो जाती। मगर उसे चिट्ठी लिखने की याद भी आएगी?

कमरे की खिड़की खुली थी और दूर तक खुला आकाश दिखाई दे रहा था। खिड़की से दिखाई देते उन नक्षत्रों की स्थितियों से वह परिचित थी। उन्हीं नक्षत्रों को वह बम्बई की उस मनहूस बस्ती के ऊपर भी झिलमिलाते देखा करती थी। यहाँ से वे उसे तिरछे कोण से दिखाई देते थे, वहाँ वह अहाते में लेटकर उन्हें ठीक अपने ऊपर देखा करती थी। उसी तरह लेटी हुई वह बिन्नी की आहट की प्रतीक्षा करती थी। हुँफ्-हुँफ् की आवाज़ें पास आतीं, और दूर चली जाती थीं। फिर दूर से फटे गले की बेहूदा आवाज़ सुनाई देने लगती थी, "ओ डैडाई है ड्विंजो फेंजल...।" उस आवाज़ से वह कितनी नफ़रत करती थी! यहाँ इस एकान्त बँगले में आसपास से कोई आवाज़ नहीं आती थी। नौ-साढ़े नौ बजे बच्चों के सो जाने के बाद बिलकुल ख़ामोशी छा जाती थी। सिर्फ़ रंगीलाल के बरतन मलने या चौका धोने की ही आवाज़ सुनाई देती थी।

उसने करवट बदल ली कि किसी तरह नींद आ जाए। नींद न आना रोज़ की बात हो गई थी। कहाँ दस बजे से ही उसकी आँखों में नींद भर जाती थी, और कहाँ अब वह ग्यारह, बारह और एक के घंटे गिनती रहती थी। 'जाने क्यों?' वह सोचती और करवटें बदलती रहती।

रात को वह देर से सोई, मगर सुबह जल्दी उठ गई।

उठने पर उसका दिल रात से ज़्यादा अस्थिर और अशान्त था। इतना बड़ा पहाड़-सा दिन और उसके बाद फिर वैसी ही रात! उस लम्बे ख़ालीपन की कल्पना से एक बड़ा शून्य उसके अन्तर को घेरे था। आकाश में चिड़ियों के झुंड उड़े जा रहे थे। रसोईघर में रंगी स्टोव में हवा भर रहा था। उसे साहब के लिए बेड-टी ले जानी थी। बम्बई में सुबह जब वह कमरे में बाल्टी रखकर नहा रही होती, तो बिन्नी बाहर से चाय की माँग करने लगता था। इससे उसके भजन में बाधा पड़ती थी और उसे बहुत उलझन होती थी। मगर वह चुपचाप उसके लिए चाय बना देती थी।...लेकिन आज उसे इस बात की उलझन हो रही थी कि उसका भजन में मन क्यों नहीं लगता। अब जबकि भजन के लिए पूरी

सुविधा, पूरा समय, उसके पास था, तो आसन पर बैठने से ही वह क्यों जी चुराती थी?

कुछ देर बरामदे में खड़ी होकर वह सूर्योदय के सुनहले रंग को देखती रही। क्षितिज के एक कोने से दूसरे कोने तक झिलमिलाती नई धूप धीरे-धीरे निखार पर आ रही थी। लगता था जैसे मिट्टी में बन्द उजाला फूटकर बाहर आने के लिए संघर्ष कर रहा हो। धूप की बढ़ती झलक से हर क्षण ऐसा ही आभास होता था। उसने बरामदे से उतरकर पूजा के लिए कुछ गेंदे के फूल चुन लिये और रसोईघर में चली गई।

रंगी स्टोव से केतली उतारकर चायदानी में पानी डाल रहा था। उसने अपने आँचल के फूल आले में डाल दिये। रंगी ट्रे उठाकर चलने लगा, तो उसने ट्रे उसके हाथ से ले ली।

"रहने दे, मैं ले जाती हूँ।" और वह ट्रे लिये हुए लाली के कमरे की तरफ़ चल दी।

"माँजी, आप रहने दीजिए, साहब मुझ पर नाराज़ होंगे," रंगी ने पीछे से संकोच के साथ कहा।

"इसमें उसके नाराज़ होने की क्या बात है? मैं तेरे कहने से थोड़े ही ले जा रही हूँ?" और वह थोड़ा खाँसकर लाली के कमरे में चली गई।

लाली कम्बल ओढ़कर बिस्तर में बैठा था। कुसुम अभी सो रही थी। लाली के हाथ में कुछ काग़ज़ थे जिन्हें वह ध्यान से पढ़ रहा था। उसने यह नहीं देखा कि चाय लेकर माँ आई है। बचन ने ट्रे मेज़ पर रख प्याली में चाय बनाई और उसके पास ले गई। लाली ने जब चाय के लिए हाथ बढ़ाया, तो उसने आश्चर्य से देखा कि प्याली लिये माँ खड़ी है।

"माँ, तू?" उसने आश्चर्य के साथ कहा।

बचन ने प्याली उसके हाथ में दे दी। उसने पहली बार ठीक से देखा कि लाली के बाल कनपटियों के पास से कितने सफ़ेद हो गए हैं। चश्मा उतार देने से उसकी आँखों के नीचे गहरे गड्ढे नज़र आ रहे थे। लाली ने काग़ज़ रखकर चश्मा लगा लिया।

"रंगी और नारायण क्या कर रहे हैं?" उसने पूछा।

"नारायण दूध लाने गया है," वह बोली, "रंगी रसोईघर में है।"

"तो उससे नहीं आया जाता था? तू सुबह-सुबह उठकर चाय लाए, वाह! इससे अच्छा है मैं आप ही बनाकर पी लूँ।"

"तू ज़रूर बनाकर पी लेगा—जिसे यह नहीं पता कि दूध कौन-सा है और चीनी कौन-सी है!" वह थोड़ा हँस दी। तभी कुसुम करवट बदलकर उठ बैठी।

"माँजी, आप..." उसने भी आँखें मलते हुए उसी आश्चर्य के साथ कहा। फिर झट-से कम्बल उतारकर वह बिस्तर से निकल आई।

"आप रहने दीजिए, मैं बनाती हूँ।"

कुसुम दूसरी प्याली में चाय बनाने लगी। बनाकर प्याली उसने बचन की तरफ़ बढ़ा दी।

"मैं अभी नहाई नहीं। अभी से चाय पी लूँ?"

"पी भी ले माँ," लाली बोला, "कभी तो अपना धरम-करम छोड़ दिया कर।"

"नहीं, मैं ऐसे नहीं पीती। तुम लोग पियो।"

कुसुम प्याली लेकर अपने बिस्तर पर चली गई। बचन लाली के पैताने बैठ गई। लाली और कुसुम ख़ामोश चाय पीते रहे।

कमरे में हर चीज़ व्यवस्थित थी। अँगीठी पर नीले रंग का कपड़ा बिछा था जिस पर कुसुम ने सफ़ेद डोरे से कढ़ाई की थी। वहीं एक तरफ़ अखरोट की लकड़ी का बना गौतम बुद्ध का बस्ट रखा था, और दूसरी तरफ़ हाथी-दाँत की हंसों की जोड़ी। सन्दूकों पर गद्दे बिछाकर उन्हें लाल कपड़े से ढक दिया गया था। कोने में कुसुम की सिलाई की मशीन पड़ी थी, और वहाँ पास ही लाली की अधसिली क़मीज़ के टुकड़े बँधे रखे थे। मेज़ पर छोटे-से शेल्फ़ में लाली की कुछ किताबें पड़ी थीं और वहाँ पास ही एक टेबल लैम्प रखा था। दो कमरों के बीच के पर्दे पर भी कुसुम ने अपने हाथ से कढ़ाई कर रखी थी। उधर से करवटें बदलने की आवाज़ें आ रही थीं। बच्चों की भी नींद खुल गई थी।

लाली ने चाय पीकर प्याली मेज़ पर रख दी। कुसुम एक ख़ास नज़र से उसकी तरफ़ देख रही थी। बचन वहाँ से उठ खड़ी हुई।

"बस चल दी, माँ?" कहते-कहते लाली ने काग़ज़ उठा लिये।

"हाँ, तू अपना काम कर। मैं जाकर नहा-धो लूँ।"

"कोई ख़ास बात तो नहीं थी?"

"नहीं, बात कुछ नहीं थी। नौकर चाय ला रहा था, मैंने कहा, मैं ले जाती हूँ।"

लाली की आँखें काग़ज़ों पर झुक गईं। कुसुम चाय के हल्के घूँट भर रही थी। बचन चलने के लिए तैयार होकर भी खड़ी रही।

"एक बात सोचती थी," वह कहने लगी।

लाली ने काग़ज़ फिर रख दिये।

"हाँ, हाँ, बता न।"

"इतने दिन हो गए, बिन्नी की चिट्ठी नहीं आई...।"

"मैं अब उससे कोई गिला नहीं करता," लाली कुछ चिढ़े हुए स्वर में बोला, "ग़फ़लत की भी एक हद होती है। इस लड़के का घरवालों से जैसे कोई रिश्ता ही नहीं है।"

बचन चुप रही।

"यहाँ रहकर बी.ए. कर लेता तो कुछ बन-बना जाता। मगर हर बात में चलना तो उसे अपनी ही मर्ज़ी से है। अब साहब ज़िन्दगी-भर यहाँ-वहाँ रहेंगे और आवारागर्दी किया करेंगे।"

बचन की आँखें भर आईं। उसने कोशिश की कि आँसू आँखों में ही सूख जाएँ, पर यह नहीं हुआ तो उसने पल्ले से आँखें पोंछ लीं।

"यह लड़का न जाने कब अपना होश रखना सीखेगा?...अपने शरीर की भी तो फ़िक्र नहीं करता। वहाँ रहकर मैं ही जो थोड़ा-बहुत देख लेती थी, सो देख लेती थी। कभी-कभी सोचती हूँ कि वहाँ उसके पास ही रहूँ, तो ठीक है।" और वह निर्णय सुनने के भाव से लाली की तरफ़ देखने लगी। लाली गम्भीर हो गया। बोला कुछ नहीं।

"मैं कहती हूँ, मेरी आँखों के सामने रहेगा, तो मुझे पता चलता रहेगा कि क्या करता है, क्या नहीं करता...।" बचन के स्वर में थोड़ी याचना भी आ गई।

"माँजी का यहाँ दिल नहीं लगता," कुसुम ने प्याली रखते हुए कहा। पल-भर लाली की आँखें उससे मिली रहीं।

"अभी तो माँ, तू आई ही है," वह बोला, "पन्द्रह दिन बाद दीवाली है...।"

"मेरा बच्चों को छोड़कर जाने को मन करता है? मैं तो वैसे ही बात कर रही थी," वह फिर से चलने के लिए तैयार होकर बोली, "पता नहीं रोटी भी ठीक से खाता है या नहीं।"

कुसुम उठकर रंगी को आवाज़ देती हुई बाहर चली गई।

"तू जाना ही चाहती है तो बात दूसरी है।" लाली के चेहरे पर कुछ उकताहट-सी आ गई।

"नहीं, जाने की बात नहीं है, मैं तो वैसे ही कह रही थी...।"

वह बाहर की तरफ़ देखने लगी कि फिर से आँसू न टपकने लगें।

"जाने को मन हो रहा है, चली जा। नहीं, ख़ामख़ाह यहाँ चिन्ता से परेशान रहेगी।"

बचन कुछ पल ख़ामोश रही। लाली अपनी उँगलियाँ मसलता रहा।

"किस गाड़ी से चली जाऊँ?"

"रात की गाड़ी ठीक रहती है। उसमें भीड़ कम होती है।"

"तेरी तबीयत की मुझे फ़िक्र रहेगी...।"

"मेरी तबीयत अब ठीक ही है।"

"तू चिट्ठी लिखता रहेगा न?"

"हाँ। मैं नहीं लिख सकूँगा, तो कुसुम लिख देगी।"

"अच्छा...!"

रात को गाड़ी में उसे अच्छी जगह मिल गई। जनाने डिब्बे में उसके अलावा दो ही और सवारियाँ थीं। कुसुम नारायण को साथ लेकर उसे छोड़ने आई थी। लाली मुवक्किलों की वजह से नहीं आ पाया था। गाड़ी के चलने तक कुसुम उसके पास बैठकर उससे बातें करती रही। कहती रही कि दादी के पीछे बच्चे उदास हो जाएँगे, तीन-चार दिन घर सूना-सूना लगेगा, और कि वह रास्ते के लिए खाना बनवाकर साथ ले जाती, तो अच्छा था। गाड़ी ने सीटी दी, तो कुसुम प्लेटफ़ार्म पर उतर गई।

"जाते ही चिट्ठी लिखिएगा," उसने कहा।

"तुम लाली की तबीयत का पता देती रहना," बचन ने कहा। सहसा उसे लाली के सफ़ेद बालों का ध्यान हो आया।

"रात को उसे देर-देर तक मत पढ़ने देना, और उससे कहना कि दूसरे-तीसरे दिन सिर में बादाम रोगन ज़रूर डलवा लिया करे।"

कुसुम ने सिर हिला दिया। गाड़ी चलने लगी, तो उसने हाथ जोड़ दिये।

प्लेटफ़ार्म पीछे रह गया, तो बचन आकाश की तरफ़ देखने लगी। उसके मन में फिर एक शून्य-सा भरने लगा। आकाश में वही नक्षत्र चमक रहे थे। बचन स्थिर नज़रों से उन्हें देखती रही। वह जहाँ जा रही थी, उस घर का नक्शा धीरे-धीरे उसकी आँखों के सामने उभरने लगा। नीची छतवाला टूटा-फूटा कमरा, मादा सूअर और उसके बच्चों की हुँफ्-हुँफ् और कुएँ की तरफ़ से आती मोटी, भद्दी, फटी-सी आवाज़—ओ डैडाई है ड्विजो-फेंजल...अँधेरा, एकान्त, बिन्नी, शशि और उसके दोस्त, बहसें और दाल-रोटी के लिए उन लोगों की छीना झपटी...।

उसकी आँखें भर आईं। आकाश में चमकते नक्षत्र धुँधले पड़ गए।

आँखें पोंछ लीं। नक्षत्र फिर चमकने लगे।

■

मलबे का मालिक

साढ़े सात साल के बाद वे लोग लाहौर से अमृतसर आए थे। हॉकी का मैच देखने का तो बहाना ही था, उन्हें ज़्यादा चाव उन घरों और बाज़ारों को फिर से देखने का था जो साढ़े सात साल पहले उनके लिए पराए हो गए थे। हर सड़क पर मुसलमानों की कोई-न-कोई टोली घूमती नज़र आ जाती थी। उनकी आँखें इस आग्रह के साथ वहाँ की हर चीज़ को देख रही थीं जैसे वह शहर साधारण शहर न होकर एक अच्छा-ख़ासा आकर्षण-केन्द्र हो।

तंग बाज़ारों में से गुज़रते हुए वे एक-दूसरे को पुरानी चीज़ों की याद दिला रहे थे...देख—फ़तहदीना, मिसरी बाज़ार में अब मिसरी की दुकानें

पहले से कितनी कम रह गई हैं! उस नुक्कड़ पर सुक्खी भठियारिन की भट्ठी थी, जहाँ अब वह पानवाला बैठा है।...यह नमक मंडी देख लो, ख़ान साहब! यहाँ की एक-एक लालाइन वह नमकीन होती है कि बस...!

बहुत दिनों के बाद बाज़ारों में तुर्रेदार पगड़ियाँ और लाल तुर्की टोपियाँ नज़र आ रही थीं। लाहौर से आए मुसलमानों में काफ़ी संख्या ऐसे लोगों की थी जिन्हें विभाजन के समय मजबूर होकर अमृतसर से जाना पड़ा था। साढ़े सात साल में आए अनिवार्य परिवर्तनों को देखकर कहीं उनकी आँखों में हैरानी भर जाती और कहीं अफ़सोस घिर आता—वल्लाह! कटरा जयमलसिंह इतना चौड़ा कैसे हो गया? क्या इस तरफ़ के सब-के-सब मकान जल गए थे...यहाँ हकीम आसिफअली की दुकान थी न? अब यहाँ एक मोची ने क़ब्ज़ा कर रखा है?

और कहीं-कहीं ऐसे भी वाक्य सुनाई दे जाते—वली, यह मस्जिद ज्यों-की-त्यों खड़ी है? इन लोगों ने इसका गुरुद्वारा नहीं बना दिया!

जिस रास्ते से भी पाकिस्तानियों की टोली गुज़रती, शहर के लोग उत्सुकतापूर्वक उस तरफ़ देखते रहते। कुछ लोग अब भी मुसलमानों को आते देखकर आशंकित-से रास्ते से हट जाते, जबकि दूसरे आगे बढ़कर उनसे बगलगीर होने लगते। ज़्यादातर वे आगन्तुकों से ऐसे-ऐसे सवाल पूछते—कि आजकल लाहौर का क्या हाल है? अनारकली में अब पहले जितनी रौनक होती है या नहीं? सुना है, शाहालमीगेट का बाज़ार पूरा नया बना है? कृष्णनगर में तो कोई ख़ास तब्दीली नहीं आई? वहाँ का रिश्वतपुरा क्या वाकई रिश्वत के पैसे से बना है?...कहते हैं, पाकिस्तान में अब बुर्क़ा बिलकुल उड़ गया है, यह ठीक है?...इन सवालों में इतनी आत्मीयता झलकती थी कि लगता था, लाहौर एक शहर नहीं, हज़ारों लोगों का सगा-सम्बन्धी है, जिसके हाल जानने के लिए वे उत्सुक हैं। लाहौर से आए लोग उस दिन शहर-भर के मेहमान थे जिनसे मिलकर और बातें करके लोगों को बहुत ख़ुशी हो रही थी।

बाज़ार बाँसाँ अमृतसर का एक उजड़ा-सा बाज़ार है, जहाँ विभाजन से पहले ज़्यादातर निचले तबके के मुसलमान रहते थे। वहाँ ज़्यादातर बाँसों और शहतीरों की ही दुकानें थीं जो सब-की-सब एक ही आग में

जल गई थीं। बाज़ार बाँसाँ की वह आग अमृतसर की सबसे भयानक आग थी जिससे कुछ देर के लिए तो सारे शहर के जल जाने का अंदेशा पैदा हो गया था। बाज़ार बाँसाँ के आसपास के कई मुहल्लों को तो उस आग ने अपनी लपेट में ले ही लिया था। ख़ैर, किसी तरह वह आग काबू में आ गई थी, पर उसमें मुसलमानों के एक-एक घर के साथ हिन्दुओं के भी चार-चार, छह-छह घर जलकर राख हो गए थे। अब साढ़े सात साल में उनमें से कई इमारतें फिर से खड़ी हो गई थीं, मगर जगह-जगह मलबे के ढेर अब भी मौजूद थे। नई इमारतों के बीच-बीच वे मलबे के ढेर एक अजीब वातावरण प्रस्तुत करते थे।

बाज़ार बाँसाँ में उस दिन भी चहल-पहल नहीं थी क्योंकि उस बाज़ार के रहनेवाले ज़्यादातर लोग तो अपने मकानों के साथ ही शहीद हो गए थे, और जो बचकर चले गए थे, उनमें से शायद किसी में भी लौटकर आने की हिम्मत नहीं रही थी। सिर्फ़ एक दुबला-पतला बुड्ढा मुसलमान ही उस दिन उस वीरान बाज़ार में आया और वहाँ की नई और जली हुई इमारतों को देखकर जैसे भूलभुलैया में पड़ गया। बाईं तरफ़ जानेवाली गली के पास पहुँचकर उसके पैर अन्दर मुड़ने को हुए, मगर फिर वह हिचकिचाकर वहाँ बाहर ही खड़ा रह गया। जैसे उसे विश्वास नहीं हुआ कि यह वही गली है जिसमें वह जाना चाहता है। गली में एक तरफ़ कुछ बच्चे कीड़ी-कीड़ा खेल रहे थे और कुछ फ़ासले पर दो स्त्रियाँ ऊँची आवाज़ में चीख़ती हुई एक-दूसरी को गालियाँ दे रही थीं।

"सब कुछ बदल गया, मगर बोलियाँ नहीं बदलीं!" बुड्ढे मुसलमान ने धीमे स्वर में अपने से कहा और छड़ी का सहारा लिये खड़ा रहा। उसके घुटने, पाजामे से बाहर को निकल रहे थे। घुटनों से थोड़ा ऊपर शेरवानी में तीन-चार पैबन्द लगे थे। गली से एक बच्चा रोता हुआ बाहर आ रहा था। उसने उसे पुचकारा, "इधर आ, बेटे! आ, तुझे चिज्जी देंगे, आ!" और वह अपनी जेब में हाथ डालकर उसे देने के लिए कोई चीज़ ढूँढ़ने लगा। बच्चा एक क्षण के लिए चुप कर गया, लेकिन फिर उसी तरह होंठ बिसूरकर रोने लगा। एक सोलह-सत्रह साल की लड़की गली के अन्दर से दौड़ती हुई आई और बच्चे को बाँह से पकड़कर गली में ले

चली। बच्चा रोने के साथ-साथ अब अपनी बाँह छुड़ाने के लिए मचलने लगा। लड़की ने उसे अपनी बाँहों में उठाकर साथ सटा लिया और उसका मुँह चूमती हुई बोली, "चुप कर, ख़सम-खाने! रोएगा, तो वह मुसलमान तुझे पकड़कर ले जाएगा! कह रही हूँ, चुप कर!"

बुड्ढे मुसलमान ने बच्चे को देने के लिए जो पैसा निकाला था, वह उसने वापस जेब में रख लिया। सिर से टोपी उतारकर वहाँ थोड़ा खुजलाया और टोपी अपनी बग़ल में दबा ली। उसका गला खुश्क हो रहा था और घुटने थोड़ा काँप रहे थे। उसने गली के बाहर की एक बन्द दुकान के तख़्ते का सहारा ले लिया और टोपी फिर से सिर पर लगा ली। गली के सामने जहाँ पहले ऊँचे-ऊँचे शहतीर रखे रहते थे, वहाँ अब एक तिमंज़िला मकान खड़ा था। सामने बिजली के तार पर दो मोटी-मोटी चीलें बिलकुल जड़-सी बैठी थीं। बिजली के खम्भे के पास थोड़ी धूप थी। वह कई पल धूप में उड़ते ज़र्रों को देखता रहा। फिर उसके मुँह से निकला, "या मालिक!"

एक नवयुवक चाबियों का गुच्छा घुमाता गली की तरफ़ आया। बुड्ढे को वहाँ खड़े देखकर उसने पूछा, "कहिए मियाँजी, यहाँ किसलिए खड़े हैं?"

बुड्ढे मुसलमान को छाती और बाँहों में हल्की-सी कँपकँपी महसूस हुई। उसने होंठों पर ज़बान फेरी और नवयुवक को ध्यान से देखते हुए कहा, "बेटे, तेरा नाम मनोरी है न?"

नवयुवक ने चाबियों के गुच्छे को हिलाना बन्द करके अपनी मुट्ठी में ले लिया और कुछ आश्चर्य के साथ पूछा, "आपको मेरा नाम कैसे मालूम है?"

"साढ़े सात साल पहले तू इतना-सा था," कहकर बुड्ढे ने मुस्कराने की कोशिश की।

"आप आज पाकिस्तान से आए हैं?"

"हाँ! पहले हम इसी गली में रहते थे," बुड्ढे ने कहा। "मेरा लड़का चिराग़दीन तुम लोगों का दर्ज़ी था। तकसीम से छह महीने पहले हम लोगों ने यहाँ अपना नया मकान बनवाया था।"

"ओ, गनी मियाँ!" मनोरी ने पहचानकर कहा।

"हाँ, बेटे, मैं तुम लोगों का गनी मियाँ हूँ! चिराग़ और उसके बीवी-बच्चे तो अब मुझे मिल नहीं सकते, मगर मैंने सोचा कि एक बार मकान की ही सूरत देख लूँ!" बुड्ढे ने टोपी उतारकर सिर पर हाथ फेरा, और अपने आँसुओं को बहने से रोक लिया।

"तुम तो शायद काफ़ी पहले यहाँ से चले गए थे," मनोरी के स्वर में संवेदना भर आई।

"हाँ, बेटे, यह मेरी बदबख़्ती थी कि मैं अकेला पहले निकलकर चला गया था। यहाँ रहता, तो उसके साथ मैं भी..." कहते हुए उसे एहसास हो आया कि यह बात उसे नहीं कहनी चाहिए। उसने बात को मुँह में रोक लिया पर आँखों में आए आँसुओं को नीचे बह जाने दिया।

"छोड़ो गनी मियाँ, अब उन बातों को सोचने में क्या रखा है?" मनोरी ने गनी की बाँह अपने हाथ में ले ली। "चलो, तुम्हें तुम्हारा घर दिखा दूँ।"

गली में ख़बर इस तरह फैली थी कि गली के बाहर एक मुसलमान खड़ा है जो रामदासी के लड़के को उठाने जा रहा था...उसकी बहन वक़्त पर उसे पकड़ लाई, नहीं तो वह मुसलमान उसे ले गया होता। यह ख़बर मिलते ही जो स्त्रियाँ गली में पीढ़े बिछाकर बैठी थीं, वे पीढ़े उठाकर घरों के अन्दर चली गईं। गली में खेलते बच्चों को भी उन्होंने पुकार-पुकारकर घरों के अन्दर बुला लिया। मनोरी गनी को लेकर गली में दाख़िल हुआ, तो गली में सिर्फ़ एक फेरीवाला रह गया था, या रक्खा पहलवान जो कुएँ पर उगे पीपल के नीचे बिखरकर सोया था। हाँ, घरों की खिड़कियों में से और किवाड़ों के पीछे से कई चेहरे गली में झाँक रहे थे। मनोरी के साथ गनी को आते देखकर उनमें हल्की चेहमेगोइयाँ शुरू हो गईं। दाढ़ी के सब बाल सफ़ेद हो जाने के बावजूद चिराग़दीन के बाप अब्दुल गनी को पहचानने में लोगों को दिक़्क़त नहीं हुई।

"वह था तुम्हारा मकान," मनोरी ने दूर से एक मलबे की तरफ़ इशारा किया। गनी पल-भर ठिठककर फटी-फटी आँखों से उस तरफ़ देखता रहा। चिराग़ और उसके बीवी-बच्चों की मौत को वह काफ़ी पहले स्वीकार कर चुका था। मगर अपने नये मकान को इस शक्ल में देखकर

उसे जो झुरझुरी हुई, उसके लिए वह तैयार नहीं था। उसकी ज़बान पहले से और खुश्क हो गई और घुटने भी ज़्यादा काँपने लगे।

"यह मलबा?" उसने अविश्वास के साथ पूछ लिया।

मनोरी ने उसके चेहरे के बदले हुए रंग को देखा। उसकी बाँह को थोड़ा और सहारा देकर जड़-से स्वर में उत्तर दिया, "तुम्हारा मकान उन्हीं दिनों जल गया था।"

गनी छड़ी के सहारे चलता हुआ किसी तरह मलबे के पास पहुँच गया। मलबे में अब मिट्टी-ही-मिट्टी थी जिसमें से जहाँ-तहाँ टूटी और जली हुई ईंटें बाहर झाँक रही थीं। लोहे और लकड़ी का सामान उसमें से कब का निकाला जा चुका था। केवल एक जले हुए दरवाज़े का चौखट न जाने कैसे बचा रह गया था। पीछे की तरफ़ दो जली हुई अलमारियाँ थीं जिनकी कालिख पर अब सफ़ेदी की हल्की-हल्की तह उभर आई थी। उस मलबे को पास से देखकर गनी ने कहा, "यह बाक़ी रह गया है, यह?" और उसके घुटने जैसे जवाब दे गए और वह वहीं जले हुए चौखट को पकड़कर बैठ गया। क्षण-भर बाद उसका सिर भी चौखट से जा सटा और उसके मुँह से बिलखने की-सी आवाज़ निकली, "हाय ओए चिराग़दीना!"

जले हुए किवाड़ का वह चौखट मलबे में से सिर निकाले साढ़े सात साल खड़ा तो रहा था, पर उसकी लकड़ी बुरी तरह भुरभुरा गई थी। गनी के सिर के छूने से उसके कई रेशे झड़कर आसपास बिखर गए। कुछ रेशे गनी की टोपी और बालों पर आ रहे। उन रेशों के साथ एक केंचुआ भी नीचे गिरा जो गनी के पैर से छह-आठ इंच दूर नाली के साथ-साथ बनी ईंटों की पटरी पर इधर-उधर सरसराने लगा। वह छिपने के लिए सूराख ढूँढ़ता हुआ ज़रा-सा सिर उठाता, पर कोई जगह न पाकर दो-एक बार सिर पटकने के बाद दूसरी तरफ़ मुड़ जाता।

खिड़कियों से झाँकनेवाले चेहरों की संख्या अब पहले से कहीं ज़्यादा हो गई थी। उनमें चेहमेगोइयाँ चल रही थीं कि आज कुछ-न-कुछ ज़रूर होगा...चिराग़दीन का बाप गनी आ गया है, इसलिए साढ़े सात साल पहले की वह सारी घटना आज अपने-आप खुल जाएगी। लोगों को लग

रहा था जैसे वह मलबा ही गनी को सारी कहानी सुना देगा—कि शाम के वक़्त चिराग़ ऊपर के कमरे में खाना खा रहा था जब रक्खे पहलवान ने उसे नीचे बुलाया—कहा कि वह एक मिनट आकर उसकी बात सुन ले। पहलवान उन दिनों गली का बादशाह था। वहाँ के हिन्दुओं पर ही उसका काफ़ी दबदबा था—चिराग़ तो ख़ैर मुसलमान था। चिराग़ हाथ का कौर बीच में ही छोड़कर नीचे उतर आया। उसकी बीवी जुबैदा और दोनों लड़कियाँ, किश्वर और सुलताना, खिड़कियों से नीचे झाँकने लगीं। चिराग़ ने ड्योढ़ी से बाहर क़दम रखा ही था कि पहलवान ने उसे क़मीज़ के कॉलर से पकड़कर अपनी तरफ़ खींच लिया और गली में गिराकर उसकी छाती पर चढ़ बैठा। चिराग़ उसका छुरेवाला हाथ पकड़कर चिल्लाया, "रक्खे पहलवान, मुझे मत मार! हाय, कोई मुझे बचाओ!" ऊपर से जुबैदा, किश्वर और सुलताना भी हताश स्वर में चिल्लाईं और चीख़ती हुई नीचे ड्योढ़ी की तरफ़ दौड़ीं। रक्खे के एक शागिर्द ने चिराग़ की जद्दोजेहद करती बाँहें पकड़ लीं और रक्खा उसकी जाँघों को अपने घुटने से दबाए हुए बोला, "चीख़ता क्यों है, भैण के...तुझे मैं पाकिस्तान दे रहा हूँ, ले पाकिस्तान!" और जब तक जुबैदा, किश्वर और सुलताना नीचे पहुँचीं, चिराग़ को पाकिस्तान मिल चुका था।

आसपास के घरों की खिड़कियाँ तब बन्द हो गई थीं। जो लोग इस दृश्य के साक्षी थे, उन्होंने दरवाज़े बन्द करके अपने को इस घटना के उत्तरदायित्व से मुक्त कर लिया था। बन्द किवाड़ों में भी उन्हें देर तक जुबैदा, किश्वर और सुलताना के चीख़ने की आवाज़ें सुनाई देती रहीं। रक्खे पहलवान और उसके साथियों ने उन्हें भी उसी रात पाकिस्तान दे दिया, मगर दूसरे तबील रास्ते से। उनकी लाशें चिराग़ के घर में न मिलकर बाद में नहर के पानी में पाई गईं।

दो दिन चिराग़ के घर की छानबीन होती रही थी। जब उसका सारा सामान लूटा जा चुका, तो न जाने किसने उस घर को आग लगा दी थी। रक्खे पहलवान ने तब क़सम खाई थी कि वह आग लगानेवाले को ज़िन्दा ज़मीन में गाड़ देगा क्योंकि उस मकान पर नज़र रखकर ही उसने चिराग़ को मारने का निश्चय किया था। उसने उस मकान को शुद्ध करने

के लिए हवन-सामग्री भी ला रखी थी। मगर आग लगानेवाले का तब से आज तक पता नहीं चल सका था। अब साढ़े सात साल से रक्खा उस मलबे को अपनी जायदाद समझता आ रहा था, जहाँ न वह किसी को गाय-भैंस बाँधने देता था और न ही खोमचा लगाने देता था। उस मलबे से बिना उसकी इजाज़त के कोई एक ईंट भी नहीं निकाल सकता था।

लोग आशा कर रहे थे कि यह सारी कहानी ज़रूर किसी-न-किसी तरह गनी तक पहुँच जाएगी...जैसे मलबे को देखकर ही उसे सारी घटना का पता चल जाएगा। और गनी मलबे की मिट्टी को नाख़ूनों से खोद-खोदकर अपने ऊपर डाल रहा था और दरवाज़े के चौखट को बाँह में लिये हुए रो रहा था, "बोल, चिराग़दीना, बोल! तू कहाँ चला गया, ओए? ओ किश्वर! ओ सुलताना! हाय, मेरे बच्चे ओएऽऽ! गनी को पीछे क्यों छोड़ दिया, ओएऽऽऽ!"

और भुरभुरे किवाड़ से लकड़ी के रेशे झड़ते जा रहे थे।

पीपल के नीचे सोए रक्खे पहलवान को जाने किसी ने जगा दिया, या वह ख़ुद ही जाग गया। यह जानकर कि पाकिस्तान से अब्दुल गनी आया है और अपने मकान के मलबे पर बैठा है, उसके गले में थोड़ा झाग उठ आया जिससे उसे खाँसी आ गई और उसने कुएँ के फ़र्श पर थूक दिया। मलबे की तरफ़ देखकर उसकी छाती से धौंकनी की-सी आवाज़ निकली और उसका निचला होंठ थोड़ा बाहर को फैल आया।

"गनी अपने मलबे पर बैठा है," उसके शागिर्द लच्छे पहलवान ने उसके पास आकर बैठते हुए कहा।

"मलबा उसका कैसे है? मलबा हमारा है!" पहलवान ने झाग से घरघराई आवाज़ में कहा।

"मगर वह वहाँ बैठा है," लच्छे ने आँखों में एक रहस्यमय संकेत लाकर कहा।

"बैठा है, बैठा रहे। तू चिलम ला!" रक्खे की टाँगें थोड़ी फैल गईं और उसने अपनी नंगी जाँघों पर हाथ फेर लिया।

"मनोरी ने अगर उसे कुछ बता-वता दिया तो...?" लच्छे ने चिलम भरने के लिए उठते हुए उसी रहस्यपूर्ण ढंग से कहा।

"मनोरी की क्या शामत आई है?"

लच्छा चला गया।

कुएँ पर पीपल की कई पुरानी पत्तियाँ बिखरी थीं। रक्खा उन पत्तियों को उठा-उठाकर अपने हाथों में मसलता रहा। जब लच्छे ने चिलम के नीचे कपड़ा लगाकर चिलम उसके हाथ में दी, तो उसने कश खींचते हुए पूछा, "और तो किसी से गनी की बात नहीं हुई?"

"नहीं।"

"ले," और उसने खाँसते हुए चिलम लच्छे के हाथ में दे दी। मनोरी गनी की बाँह पकड़े मलबे की तरफ़ से आ रहा था। लच्छा उकड़ूँ होकर चिलम के लम्बे-लम्बे कश खींचने लगा। उसकी आँखें आधा क्षण रक्खे के चेहरे पर टिकतीं और आधा क्षण गनी की तरफ़ लगी रहतीं।

मनोरी गनी की बाँह थामे उससे एक क़दम आगे चल रहा था—जैसे उसकी कोशिश हो कि गनी कुएँ के पास से बिना रक्खे को देखे ही निकल जाए। मगर रक्खा जिस तरह बिखरकर बैठा था, उससे गनी ने उसे दूर से ही देख लिया। कुएँ के पास पहुँचते-न-पहुँचते उसकी दोनों बाँहें फैल गईं और उसने कहा, "रक्खे पहलवान!"

रक्खे ने गरदन उठाकर और आँखें ज़रा छोटी करके उसे देखा। उसके गले में अस्पष्ट-सी घरघराहट हुई, पर वह बोला नहीं।

"रक्खे पहलवान, मुझे पहचाना नहीं?" गनी ने बाँहें नीची करके कहा। "मैं गनी हूँ, अब्दुल गनी, चिराग़दीन का बाप!"

पहलवान ने ऊपर से नीचे तक उसका जायज़ा लिया। अब्दुल गनी की आँखों में उसे देखकर एक चमक-सी आ गई थी। सफ़ेद दाढ़ी के नीचे उसके चेहरे की झुर्रियाँ भी कुछ फैल गई थीं। रक्खे का निचला होंठ फड़का। उसकी छाती से भारी-सा स्वर निकला, "सुना, गनिया!"

गनी की बाँहें फिर फैलने को हुईं, पह पहलवान पर कोई प्रतिक्रिया न देखकर उसी तरह रह गईं। वह पीपल का सहारा लेकर कुएँ की सिल पर बैठ गया।

ऊपर खिड़कियों में चेहमेगोइयाँ तेज़ हो गईं कि अब दोनों आमने-सामने आ गए हैं, तो बात ज़रूर खुलेगी...फिर हो सकता है दोनों में

गाली-गलौज भी हो।...अब रक्खा गनी को हाथ नहीं लगा सकता। अब वे दिन नहीं रहे।...बड़ा मलबे का मालिक बनता था!...असल में मलबा न इसका है, न गनी का। मलबा तो सरकार की मिल्कियत है! मरदूद किसी को वहाँ गाय का खूँटा तक नहीं लगाने देता!...मनोरी भी डरपोक है। इसने गनी को बता क्यों नहीं दिया कि रक्खे ने ही चिराग़ और उसके बीवी-बच्चों को मारा है!...रक्खा आदमी नहीं साँड़ है! दिन-भर साँड़ की तरह गली में घूमता है!...गनी बेचारा कितना दुबला हो गया है! दाढ़ी के सारे बाल सफ़ेद हो गए हैं!...

गनी ने कुएँ की सिल पर बैठकर कहा, "देख रक्खे पहलवान, क्या से क्या हो गया है! भरा-पूरा घर छोड़कर गया था और आज यहाँ यह मिट्टी देखने आया हूँ! बसे घर की आज यही निशानी रह गई है! तू सच पूछे, तो मेरा यह मिट्टी भी छोड़कर जाने को मन नहीं करता!" और उसकी आँखें फिर छलछला आईं।

पहलवान ने अपनी टाँगें समेट लीं और अँगोछा कुएँ की मुँडेर से उठाकर कन्धे पर डाल लिया। लच्छे ने चिलम उसकी तरफ़ बढ़ा दी। वह कश खींचने लगा।

"तू बता, रक्खे, यह सब हुआ किस तरह?" गनी किसी तरह अपने आँसू रोककर बोला। "तुम लोग उसके पास थे। सबमें भाई-भाई की-सी मुहब्बत थी। अगर वह चाहता, तो तुममें से किसी के घर में नहीं छिप सकता था? उसमें इतनी-सी समझदारी नहीं थी?"

"ऐसे ही है," रक्खे को स्वयं लगा कि उसकी आवाज़ में एक अस्वाभाविक-सी गूँज है। उसके होंठ गाढ़े लार से चिपक गए थे। मूँछों के नीचे से पसीना उसके होंठ पर आ रहा था। उसे माथे पर किसी चीज़ का दबाव महसूस हो रहा था और उसकी रीढ़ की हड्डी सहारा चाह रही थी।

"पाकिस्तान में तुम लोगों के क्या हाल हैं?" उसने पूछा। उसके गले की नसों में एक तनाव आ गया था। उसने अँगोछे से बग़लों का पसीना पोंछा और गले का झाग मुँह में खींचकर गली में थूक दिया।

"क्या हाल बताऊँ, रक्खे," गनी दोनों हाथों से छड़ी पर बोझ डालकर झुकता हुआ बोला। "मेरा हाल तो मेरा ख़ुदा ही जानता है। चिराग़ वहाँ

साथ होता, तो और बात थी।...मैंने उसे कितना समझाया था कि मेरे साथ चला चल। पर वह ज़िद पर अड़ा रहा कि नया मकान छोड़कर नहीं जाऊँगा—यह अपनी गली है, यहाँ कोई ख़तरा नहीं है। भोले कबूतर ने यह नहीं सोचा कि गली में ख़तरा न हो, पर बाहर से तो ख़तरा आ सकता है! मकान की रखवाली के लिए चारों ने अपनी जान दे दी!...रक्खे, उसे तेरा बहुत भरोसा था। कहता था कि रक्खे के रहते मेरा कोई कुछ नहीं बिगाड़ सकता। मगर जब जान पर बन आई, तो रक्खे के रोके भी न रुकी।"

रक्खे ने सीधा होने की चेष्टा की क्योंकि उसकी रीढ़ की हड्डी बहुत दर्द कर रही थी। अपनी कमर और जाँघों के जोड़ पर उसे सख़्त दबाव महसूस हो रहा था। पेट की अँतड़ियों के पास से जैसे कोई चीज़ उसकी साँस को रोक रही थी। उसका सारा जिस्म पसीने से भीग गया था और उसके तलुओं में चुनचुनाहट हो रही थी। बीच-बीच में नीली फुलझड़ियाँ-सी ऊपर से उतरतीं और तैरती हुई उसकी आँखों के सामने से निकल जातीं। उसे अपनी ज़बान और होंठों के बीच एक फ़ासला-सा महसूस हो रहा था। उसने अँगोछे से होंठों के कोनों को साफ़ किया। साथ ही उसके मुँह से निकला, "हे प्रभु, तू ही है, तू ही है, तू ही है!"

गनी ने देखा कि पहलवान के होंठ सूख रहे हैं और उसकी आँखों के गिर्द दायरे गहरे हो गए हैं। वह उसके कन्धे पर हाथ रखकर बोला, "जो होना था, हो गया रक्खिआ! उसे अब कोई लौटा थोड़े ही सकता है! ख़ुदा नेक की नेकी बनाए रखे और बद की बदी माफ़ करे! मैंने आकर तुम लोगों को देख लिया, सो समझूँगा कि चिराग़ को देख लिया। अल्लाह तुम्हें सेहतमन्द रखे!" और वह छड़ी के सहारे उठ खड़ा हुआ। चलते हुए उसने कहा, "अच्छा, रक्खे पहलवान!"

रक्खे के गले से मद्धिम-सी आवाज़ निकली। अँगोछा लिये हुए उसके दोनों हाथ जुड़ गए। गनी हसरत-भरी नज़र से आसपास देखता हुआ धीरे-धीरे गली से बाहर चला गया।

ऊपर खिड़कियों में थोड़ी देर चेहमेगोइयाँ चलती रहीं—कि मनोरी ने गली से बाहर निकलकर ज़रूर गनी को सब कुछ बता दिया होगा... कि गनी के सामने रक्खे का तालू कैसे खुश्क हो गया था!...रक्खा अब

किस मुँह से लोगों को...मलबे पर गाय बाँधने से रोकेगा? बेचारी जुबैदा! कितनी अच्छी थी वह! रक्खे मरदूद का घर...न घाट, इसे किसी की माँ-बहन का लिहाज़ था?

थोड़ी देर में स्त्रियाँ घरों से गली में उतर आईं। बच्चे गली में गुल्ली-डंडा खेलने लगे। दो बारह-तेरह साल की लड़कियाँ किसी बात पर एक-दूसरी से गुत्थमगुत्था हो गईं।

रक्खा गहरी शाम तक कुएँ पर बैठा खखारता और चिलम फूँकता रहा। कई लोगों ने वहाँ गुज़रते हुए उससे पूछा, "रक्खे शाह, सुना है आज गनी पाकिस्तान से आया था?"

"हाँ, आया था," रक्खे ने हर बार एक ही उत्तर दिया।

"फिर?"

"फिर कुछ नहीं। चला गया।"

रात होने पर रक्खा रोज़ की तरह गली के बाहर बाईं तरफ़ की दुकान के तख़्ते पर आ बैठा। रोज़ वह रास्ते से गुज़रनेवाले परिचित लोगों को आवाज़ दे-देकर पास बुला लेता था और उन्हें सट्टे के गुर और सेहत के नुस्खे बताता रहता था। मगर उस दिन वह वहाँ बैठा लच्छे को अपनी वैश्नो देवी की उस यात्रा का वर्णन सुनाता रहा जो उसने पन्द्रह साल पहले की थी। लच्छे को भेजकर वह गली में आया, तो मलबे के पास लोकू पंडित की भैंस को देखकर वह आदत के मुताबिक उसे धक्के दे-देकर हटाने लगा—"तत-तत-तत...तत-तत...!"

भैंस को हटाकर वह सुस्ताने के लिए, मलबे के चौखट पर बैठ गया। गली उस समय सुनसान थी। कमेटी की बत्ती न होने से वहाँ शाम से ही अँधेरा हो जाता था। मलबे के नीचे नाली का पानी हल्की आवाज़ करता बह रहा था। रात की ख़ामोशी को काटती हुई कई तरह की हल्की-हल्की आवाज़ें मलबे की मिट्टी में से सुनाई दे रही थीं...च्यु-च्यु-च्यु...चिक्-चिक्-चिक्...किर्रर्रर-र्रर्रर्र-रीरीरीरी-चिर्रर्रर्रर...। एक भटका हुआ कौआ न जाने कहाँ से उड़कर उस चौखट पर आ बैठा। इससे लकड़ी के कई रेशे इधर-उधर छितरा गए। कौए के वहाँ बैठते-न-बैठते मलबे के एक कोने में लेटा हुआ कुत्ता गुर्राकर उठा और ज़ोर-ज़ोर से भौंकने लगा—वऊ-

अऊ-वऊ! कौआ कुछ देर सहमा-सा चौखट पर बैठा रहा, फिर पंख फड़फड़ाता कुएँ के पीपल पर चला गया। कौए के उड़ जाने पर कुत्ता और नीचे उतर आया और पहलवान की तरफ़ मुँह करके भौंकने लगा। पहलवान उसे हटाने के लिए भारी आवाज़ में बोला, "दुर्-दुर्-दुर्...दुरे!" मगर कुत्ता और पास आकर भौंकने लगा— वऊ-अउ-वउ-वउ-वउ-वउ...।

पहलवान ने एक ढेला उठाकर कुत्ते की तरफ़ फेंका। कुत्ता थोड़ा पीछे हट गया, पर उसका भौंकना बन्द नहीं हुआ। पहलवान कुत्ते को माँ की गाली देकर वहाँ से उठ खड़ा हुआ और धीरे-धीरे जाकर कुएँ की सिल पर लेट गया। उसे वहाँ से हटते ही कुत्ता गली में उतर आया और कुएँ की तरफ़ मुँह करके भौंकने लगा। काफ़ी देर भौंकने के बाद जब उसे गली में कोई प्राणी चलता-फिरता नज़र नहीं आया, तो वह एक बार कान झटककर मलबे पर लौट गया और वहाँ कोने में बैठकर गुर्राने लगा।

■

उसकी रोटी

बालो को पता था कि अभी बस आने में बहुत देर है, फिर भी पल्ले से पसीना पोंछते हुए उसकी आँखें बार-बार सड़क की तरफ़ उठ जाती थीं। नकोदर रोड के उस हिस्से में आसपास कोई छायादार पेड़ भी नहीं था। वहाँ की ज़मीन भी बंजर और ऊबड़-खाबड़ थी—खेत वहाँ से तीस-चालीस गज़ के फ़ासले से शुरू होते थे। और खेतों में भी उन दिनों कुछ नहीं था। फ़सल कटने के बाद सिर्फ़ ज़मीन की गोड़ाई ही की गई थी, इसलिए चारों तरफ़ बस मटियालापन ही नज़र आता था। गरमी से पिघली हुई नकोदर रोड का हल्का सुरमई रंग ही उस मटियालेपन से ज़रा अलग था। जहाँ बालो खड़ी थी वहाँ से थोड़े फ़ासले पर एक लकड़ी का खोखा था। उसमें पानी के दो बड़े-बड़े मटकों के पास बैठा एक अधेड़-सा व्यक्ति ऊँघ रहा था। ऊँघ में वह आगे को गिरने को होता तो सहसा झटका खाकर सँभल

जाता। फिर आसपास के वातावरण पर एक उदासी-सी नज़र डालकर और अँगोछे से गले का पसीना पोंछकर, वैसे ही ऊँघने लगता। एक तरफ़ अढाई-तीन फुट में खोखे की छाया फैली थी और एक भिखमंगा, जिसकी दाढ़ी काफ़ी बढ़ी हुई थी, खोखे से टेक लगाए ललचाई आँखों से बालो के हाथों की तरफ़ देख रहा था। उसके पास ही एक कुत्ता दुबककर बैठा था, और उसकी नज़र भी बालो के हाथों की तरफ़ थी।

बालो ने हाथ की रोटी को मैले आँचल में लपेट रखा था। वह उसे बद नज़र से बचाए रखना चाहती थी। रोटी वह अपने पति सुच्चासिंह ड्राइवर के लिए लाई थी, मगर देर हो जोने से सुच्चासिंह की बस निकल गई थी और वह अब इस इन्तज़ार में खड़ी थी कि बस नकोदर से होकर लौट आए, तो वह उसे रोटी दे दे। वह जानती थी कि उसके वक़्त पर न पहुँचने से सुच्चासिंह को बहुत ग़ुस्सा आया होगा। वैसे ही उसकी बस जालन्धर से चलकर दो बजे वहाँ आती थी, और उसे नकोदर पहुँचकर रोटी खाने में तीन-साढ़े तीन बज जाते थे। वह उसकी रात की रोटी भी उसे साथ ही देती थी जो वह आख़िरी फेरे में नकोदर पहुँचकर खाता था। सात दिन में छह दिन सुच्चासिंह की ड्यूटी रहती थी, और छहों दिन यही सिलसिला चलता था। बालो एक-सवा एक बजे रोटी लेकर गाँव से चलती थी, और धूप में आधा कोस तय करके दो बजे से पहले सड़क के किनारे पहुँच जाती थी। अगर कभी उसे दो-चार मिनट की देर हो जाती तो सुच्चासिंह किसी-न-किसी बहाने बस को रोके रखता, मगर, उसके आते ही उसे डाँटने लगता कि वह सरकारी नौकर है, उसके बाप का नौकर नहीं कि उसके इन्तज़ार में बस खड़ी रखा करे। वह चुपचाप उसकी डाँट सुन लेती और उसे रोटी दे देती।

मगर आज वह दो-चार मिनट की नहीं, दो-अढ़ाई घंटे की देर से आई थी। यह जानते हुए भी कि उस समय वहाँ पहुँचने का कोई मतलब नहीं, वह अपनी बेचैनी में घर से चल दी थी—उसे जैसे लग रहा था कि वह जितना वक़्त सड़क के किनारे इन्तज़ार करने में बिताएगी, सुच्चासिंह की नाराज़गी उतनी ही कम हो जाएगी। यह तो निश्चित ही था कि सुच्चासिंह ने दिन की रोटी नकोदर के किसी तन्दूर में खा ली होगी। मगर उसे रात

की रोटी देना ज़रूरी था और साथ ही वह सारी बात बताना भी जिसकी वजह से उसे देर हुई थी। वह पूरी घटना को मन-ही-मन दोहरा रही थी, और सोच रही थी कि सुच्चासिंह से बात किस तरह कही जाए कि उसे सब कुछ पता भी चल जाए और वह ख़ामख़ाह तैश में भी न आए। वह जानती थी कि सुच्चासिंह का ग़ुस्सा बहुत ख़राब है और साथ ही यह भी कि जंगी से उलटा-सीधा कुछ कहा जाए तो वह बग़ैर गँड़ासे के बात नहीं करता।

जंगी के बारे में बहुत-सी बातें सुनी जाती थीं। पिछले साल वह साथ के गाँव की एक मेहरी को भगाकर ले गया था और न जाने कहाँ ले जाकर बेच आया था। फिर नकोदर के पंडित जीवाराम के साथ उसका झगड़ा हुआ, तो उसे उसने क़त्ल करवा दिया। गाँव के लोग उससे दूर-दूर रहते थे, मगर उससे बिगाड़ नहीं रखते थे। मगर उस आदमी की लाख बुराइयाँ सुनकर भी उसने यह कभी नहीं सोचा था कि वह इतनी गिरी हुई हरकत भी कर सकता है कि चौदह साल की जिन्दां को अकेली देखकर उसे छेड़ने की कोशिश करे। वह यूँ भी जिन्दां से तिगुनी उम्र का था और अभी साल-भर पहले तक उसे बेटी-बेटी कहकर बुलाया करता था। मगर आज उसकी इतनी हिम्मत पड़ गई कि उसने खेत में से आती जिन्दां का हाथ पकड़ लिया?

उसने जिन्दां को नन्ती के यहाँ से उपले माँग लाने को भेजा था। इनका घर खेतों के एक सिरे पर था और गाँव के बाक़ी घर दूसरे सिरे पर थे। वह आटा गूँधकर इन्तज़ार कर रही थी कि जिन्दां उपले लेकर आए, तो वह जल्दी से रोटियाँ सेंक ले जिससे बस के वक़्त से पहले सड़क पर पहुँच जाए। मगर जिन्दां आई, तो उसके हाथ ख़ाली थे और उसका चेहरा हल्दी की तरह पीला हो रहा था। जब तक जिन्दां नहीं आई थी, उसे उस पर ग़ुस्सा आ रहा था। मगर उसे देखते ही उसका दिल एक अज्ञात आशंका से काँप गया।

"क्या हुआ है जि0न्दो, ऐसे क्यों हो रही है?" उसने ध्यान से उसे देखते हुए पूछा।

जिन्दां चुपचाप उसके पास आकर बैठ गई और बाँहों में सिर डालकर रोने लगी।

"ख़सम खानी, कुछ बताएगी भी, क्या बात हुई है?"

जिन्दां कुछ नहीं बोली। सिर्फ़ उसके रोने की आवाज़ तेज़ हो गई।

"किसी ने कुछ कहा है तुझसे?" उसने अब उसके सिर पर हाथ फेरते हुए पूछा।

"तू मुझे उपले-वुपले लेने मत भेजा कर," जिन्दां रोने के बीच उखड़ी-उखड़ी आवाज़ में बोली। "मैं आज से घर से बाहर नहीं जाऊँगी। मुआ जंगी आज मुझसे कहता था..." और गला रुँध जाने से वह आगे कुछ नहीं कह सकी।

"क्या कहता था जंगी तुझसे...बता...बोल..." वह जैसे एक बोझ के नीचे दबकर बोली, "ख़सम खानी, अब बोलती क्यों नहीं?"

"वह कहता था," जिन्दां सिसकती रही, "चल जिन्दां, अन्दर चलकर शरबत पी ले। आज तू बहुत सोहणी लग रही है...।"

"मुआ कमजात!" वह सहसा उबल पड़ी। "मुए को अपनी माँ रंडी नहीं सोहणी लगती? मुए की नज़र में कीड़े पड़ें। निपूते, तेरे घर में लड़की होती, तो इससे बड़ी होती, तेरे दीदे फटें!...फिर तूने क्या कहा?"

"मैंने कहा चाचा, मुझे प्यास नहीं है," जिन्दां कुछ सँभलने लगी।

"फिर?"

"कहने लगा प्यास नहीं है, तो भी एक घूँट पी लेना। चाचा का शरबत पिएगी तो याद करेगी।...और मेरी बाँह पकड़कर खींचने लगा।"

"हाय रे मौत-मरे, तेरा कुछ न रहे, तेरे घर में आग लगे। आने दे सुच्चासिंह को। मैं तेरी बोटी-बोटी न नुचवाऊँ तो कहना, जल-मरे! तू सोया सो ही जाए।...हाँ, फिर?"

"मैं बाँह छुड़ाने लगी, तो मुझे मिठाई का लालच देने लगा। मेरे हाथ से उपले वहीं गिर गए। मैंने उन्हें वैसे ही पड़े रहने दिया और बाँह छुड़ाकर भाग आई।"

उसने ध्यान से जिन्दां को सिर से पैर तक देखा और फिर अपने साथ सटा लिया।

"और तो नहीं कुछ कहा उसने?"

"जब मैं थोड़ी दूर निकल आई, तो पीछे से ही-ही करके बोला, 'बेटी, तू बुरा तो नहीं मान गई? अपने उपले तो उठाकर ले जा। मैं तो तेरे साथ हँसी कर रहा था। तू इतना भी नहीं समझती? चल, आ इधर, नहीं आती, तो मैं आज तेरे घर आकर तेरी बहन से शिकायत करूँगा कि जिन्दां बहुत गुस्ताख हो गई है, कहा नहीं मानती।'...मगर मैंने उसे न जवाब दिया, न मुड़कर उसकी तरफ़ देखा। सीधी घर चली आई।"

"अच्छा किया। मैं मुए की हड्डी-पसली एक कराकर छोड़ूँगी। तू आने दे सुच्चासिंह को। मैं अभी जाकर उससे बात करूँगी। इसे यह नहीं पता कि जिन्दां सुच्चासिंह ड्राइवर की साली है, ज़रा सोच-समझकर हाथ लगाऊँ।" फिर कुछ सोचकर उसने पूछा, "वहाँ तुझे और किसी ने तो नहीं देखा?"

"नहीं। खेतों के इस तरफ़ आम के पेड़ के नीचे राधू चाचा बैठा था। उसने देखकर पूछा कि बेटी, इस वक़्त धूप में कहाँ से आ रही है, तो मैंने कहा कि बहन के पेट में दर्द हो रहा था, हकीम जी से चूरन लाने गई थी।"

"अच्छा किया। मुआ जंगी तो शोहदा है। उसके साथ अपना नाम जुड़ जाए, तो अपनी ही इज़्ज़त जाएगी। उस सिर-जले का क्या जाना है? लोगों को तो करने के लिए बात चाहिए।"

उसके बाद उपले लाकर खाना बनाने में उसे काफ़ी देर हो गई। जिस वक़्त उसने कटोरे में आलू की तरकारी और आम का अचार रखकर उसे रोटियों के साथ खद्दर के टुकड़े में लपेटा, उसे पता था कि दो कब के बज चुके हैं और वह दोपहर की रोटी सुच्चासिंह को नहीं पहुँचा सकती। इसलिए वह रोटी रखकर इधर-उधर के काम करने लगी। मगर जब बिलकुल ख़ाली हो गई, तो उससे यह नहीं हुआ कि बस के अन्दाज़े से घर से चले। मुश्किल से साढ़े तीन-चार ही बजे थे कि वह चलने के लिए तैयार हो गई।

"बहन, तू कब तक आएगी?" जिन्दां ने पूछा।

"दिन ढलने से पहले ही आ जाऊँगी।"

"जल्दी आ जाना। मुझे अकेले डर लगेगा।"

"डरने की क्या बात है?" वह दिखावटी साहस के साथ बोली, "किसकी हिम्मत है जो तेरी तरफ़ आँख उठाकर भी देख सके? सुच्चासिंह

को पता लगेगा, तो वह उसे कच्चा ही नहीं चबा जाएगा? वैसे मुझे ज़्यादा देर नहीं लगेगी। साँझ से पहले ही घर पहुँच जाऊँगी। तू ऐसा करना कि अन्दर से साँकल लगा लेना। समझी? कोई दरवाज़ा खटखटाए तो पहले नाम पूछ लेना।" फिर उसने ज़रा धीमे स्वर में कहा, "और अगर जंगी आ जाए, और मेरे लिए पूछे कि कहाँ गई है, तो कहना कि सुच्चासिंह को बुलाने गई है। समझी?...पर नहीं। तू उससे कुछ नहीं कहना। अन्दर से जवाब ही नहीं देना, समझी?"

वह दहलीज़ के पास पहुँची तो जिन्दां ने पीछे से कहा, "बहन, मेरा दिल धड़क रहा है।"

"तू पागल हुई है?" उसने उसे प्यार के साथ झिड़क दिया, "साथ गाँव है, फिर डर किस बात का है? और तू आप भी मुटियार है, इस तरह घबराती क्यों है?"

मगर जिन्दां को दिलासा देकर भी उसकी अपनी तसल्ली नहीं हुई। सड़क के किनारे पहुँचने के वक़्त से ही वह चाह रही थी कि किसी तरह बस जल्दी से आ जाए जिससे वह रोटी देकर झटपट जिन्दां के पास वापस पहुँच जाए।

"वीरा, दो बजेवाली बस को गए कितनी देर हुई है?" उसने भिखमंगे से पूछा जिसकी आँखें अब भी उसके हाथ की रोटी पर लगी थीं। धूप की चुभन अभी कम नहीं हुई थी, हालाँकि खोखे की छाया अब पहले से काफ़ी लम्बी हो गई थी। कुत्ता प्याऊ के तख़्ते के नीचे पानी को मुँह लगाकर अब आसपास चक्कर काट रहा था।

"पता नहीं भैणा," भिखमंगे ने कहा, "कई बसें आती हैं। कई जाती हैं। यहाँ कौन घड़ी का हिसाब है!"

बालो चुप हो रही। एक बस अभी थोड़ी ही देर पहले नकोदर की तरफ़ गई थी। उसे लग रहा था धूल के फैलाव के दोनों तरफ़ दो अलग-अलग दुनियाएँ हैं। बसें एक दुनिया से आती हैं और दूसरी दुनिया की तरफ़ चली जाती हैं। कैसी होंगी वे दुनियाएँ जहाँ बड़े-बड़े बाज़ार हैं, दुकानें हैं, और जहाँ एक ड्राइवर की आमदनी का तीन-चौथाई हिस्सा हर महीने ख़र्च हो जाता है? देवी अक्सर कहा करता था कि सुच्चासिंह

ने नकोदर में एक रखैल रख रखी है। उसका कितना मन होता था कि वह एक बार उस औरत को देखे। उसने एक बार सुच्चासिंह से कहा भी था कि उसे वह नकोदर दिखा दे, पर सुच्चासिंह ने डाँटकर जवाब दिया था, "क्यों, तेरे पर निकल रहे हैं? घर में चैन नहीं पड़ता? सुच्चासिंह वह मरद नहीं है कि औरत की बाँह पकड़कर उसे सड़कों पर घुमाता फिरे। घूमने का ऐसा ही शौक़ है, तो दूसरा ख़सम कर ले। मेरी तरफ़ से तुझे खुली छुट्टी है।"

उस दिन के बाद वह यह बात ज़बान पर भी नहीं लाई थी। सुच्चासिंह कैसा भी हो, उसके लिए सब कुछ वही था। वह उसे गालियाँ दे लेता था, मारपीट लेता था, फिर भी उससे इतना प्यार तो करता था कि हर महीने तनखाह मिलने पर उसे बीस रुपये दे जाता था। लाख बुरी कहकर भी वह उसे अपनी घरवाली तो समझता था! ज़बान का कड़वा भले ही हो, पर सुच्चासिंह दिल का बुरा हरगिज़ नहीं था। वह उसके जिन्दां को घर में रख लेने पर अक्सर कुढ़ा करता था, मगर पिछले महीने ख़ुद ही जिन्दां के लिए काँच की चूड़ियाँ और अढाई गज़ मलमल लाकर दे गया था।

एक बस धूल उड़ाती आकाश के उस छोर से इस तरफ़ को आ रही थी। बालो ने दूर से ही पहचान लिया कि वह सुच्चासिंह की बस नहीं है। फिर भी बस जब तक पास नहीं आ गई, वह उत्सुक आँखों से उस तरफ़ देखती रही। बस प्याऊ के सामने आकर रुकी। एक आदमी प्याज़ और शलगम का गट्ठर लिये बस से उतरा। फिर कंडक्टर ने ज़ोर से दरवाज़ा बन्द किया और बस आगे चल दी। जो आदमी बस से उतरा था, उसने प्याऊ के पास जाकर प्याऊवाले को जगाया और चुल्लू से दो लोटे पानी पीकर मूँछें साफ़ करता हुआ अपने गट्ठर के पास लौट आया।

"वीरा, नकोदर से अगली बस कितनी देर में आएगी?" बालो ने दो क़दम आगे जाकर उस आदमी से पूछ लिया।

"घंटे-घंटे के बाद बस चलती है माई," वह बोला। "तुझे कहाँ जाना है?"

"जाना नहीं है वीरा, बस का इन्तज़ार करना है। सुच्चासिंह ड्राइवर मेरा घरवाला है। उसे रोटी देनी है।"

"ओ सुच्चा स्यों!" और उस आदमी के होंठों पर ख़ास तरह की मुस्कराहट आ गई।

"तू उसे जानता है?"

"उसे नकोदर में कौन नहीं जानता?"

बालो को उसका कहने का ढंग अच्छा नहीं लगा, इसलिए वह चुप हो रही। सुच्चासिंह के बारे में जो बातें वह ख़ुद जानती थी, उन्हें दूसरों के मुँह से सुनना उसे पसन्द नहीं था। उसे समझ में नहीं आता था कि दूसरों को क्या हक़ है कि वे उसके आदमी के बारे में इस तरह बात करें?

"सुच्चासिंह शायद अगली बस लेकर आएगा," वह आदमी बोला।

"हाँ! इसके बाद अब उसी की बस आएगी।"

"बड़ा ज़ालिम है जो तुझसे इस तरह इन्तज़ार कराता है।"

"चल वीरा, अपने रास्ते चल!" बालो चिढ़कर बोली, "वह क्यों इन्तज़ार कराएगा? मुझे ही रोटी लाने में देर हो गई थी जिससे बस निकल गई। वह बेचारा सवेरे से भूखा बैठा होगा।"

"भूखा? कौन सुच्चा स्यों?" और वह व्यक्ति दाँत निकालकर हँस दिया। बालो ने मुँह दूसरी तरफ़ कर लिया। "या साईं सच्चे!" कहकर उस आदमी ने अपना गट्ठर सिर पर उठा लिया और खेतों की पगडंडी पर चल दिया। बालो की दाईं टाँग सो गई थी। उसने भार दूसरी टाँग पर बदलते हुए एक लम्बी साँस ली और दूर तक के वीराने को देखने लगी।

न जाने कितनी देर बाद आकाश के उसी कोने से उसे दूसरी बस अपनी तरफ़ आती नज़र आई। तब तक खड़े-खड़े उसके पैरों की एड़ियाँ दुखने लगी थीं। बस को देखकर वह पोटली का कपड़ा ठीक करने लगी। उसे अफ़सोस हो रहा था कि वह रोटियाँ कुछ और देर से बनाकर क्यों नहीं लाई, जिससे वे रात तक कुछ और ताज़ा रहतीं। सुच्चासिंह को कड़ाह प्रसाद का इतना शौक़ है—उसे क्यों यह ध्यान नहीं आया कि आज थोड़ा कड़ाह प्रसाद ही बनाकर ले आए?...ख़ैर, कल गुर परब है, कल ज़रूर कड़ाह प्रसाद बनाकर लाएगी।...

पीछे गर्द की लम्बी लकीर छोड़ती हुई बस पास आती जा रही थी। बालो ने बीस गज़ दूर से ही सुच्चासिंह का चेहरा देखकर समझ लिया

कि वह उससे बहुत नाराज़ है। उसे देखकर सुच्चासिंह की भवें तन गई थीं और निचले होंठ का कोना दाँतों में चला गया था। बालो ने धड़कते दिल से रोटीवाला हाथ ऊपर उठा दिया। मगर बस उसके पास न रुककर प्याऊ से ज़रा आगे जाकर रुकी।

दो-एक लोग वहाँ बस से उतरनेवाले थे। कंडक्टर बस की छत पर जाकर एक आदमी की साइकिल नीचे उतारने लगा। बालो तेज़ी से चलकर ड्राइवर की सीट के बराबर पहुँच गई।

"सुच्चा स्याँ!" उसने हाथ ऊँचा उठाकर रोटी अन्दर पहुँचाने की चेष्टा करते हुए कहा, "रोटी ले ले।"

"हट जा," सुच्चासिंह ने उसका हाथ झटककर पीछे हटा दिया।

"सुच्चा स्याँ, एक मिनट नीचे उतरकर मेरी बात सुन ले। आज एक ख़ास वजह हो गई थी, नहीं तो मैं...।"

"बक नहीं, हट जा यहाँ से," कहकर सुच्चासिंह ने कंडक्टर से पूछा कि वहाँ का सारा सामान उतर गया है या नहीं।

"बस एक पेटी बाक़ी है, उतार रहा हूँ," कंडक्टर ने छत से आवाज़ दी।

"सुच्चा स्याँ, मैं दो घंटे से यहाँ खड़ी हूँ," बालो ने मिन्नत के लहज़े में कहा, "तू नीचे उतरकर मेरी बात तो सुन ले।"

"उतर गई पेटी?" सुच्चासिंह ने फिर कंडक्टर से पूछा।

"हाँ, चलो," पीछे से कंडक्टर की आवाज़ आई।

"सुच्चा स्याँ! तू मुझ पर नाराज़ हो ले, पर रोटी तो रख ले। तू मंगलवार को घर आएगा तो मैं तुझे सारी बात बताऊँगी।" बालो ने हाथ और ऊँचा उठा दिया।

"मंगलवार को घर आएगा तेरा...," और एक मोटी-सी गाली देकर सुच्चासिंह ने बस स्टार्ट कर दी।

दिन ढलने के साथ-साथ आकाश का रंग बदलने लगा था। बीच-बीच में कोई एकाध पक्षी उड़ता हुआ आकाश को पार कर जाता था। खेतों में कहीं-कहीं रंगीन पगडंडियाँ दिखाई देने लगी थीं। बालो ने प्याऊ से पानी पिया और आँखों पर छींटे मारकर आँचल से मुँह पोंछ लिया। फिर प्याऊ

से कुछ फ़ासले पर जाकर खड़ी हो गई। वह जानती थी, अब सुच्चासिंह की बस जालन्धर से आठ-नौ बजे तक वापस आएगी। क्या तब तक उसे इन्तज़ार करना चाहिए? सुच्चासिंह को इतना तो करना चाहिए था कि उतरकर उसकी बात सुन लेता। उधर घर में जिन्दां अकेली डर रही होगी। मुआ जंगी पीछे किसी बहाने से आ गया तो? सुच्चासिंह रोटी ले लेता, तो वह आधे घंटे में घर पहुँच जाती। अब रोटी तो वह बाहर कहीं-न-कहीं खा ही लेगा, मगर उसके ग़ुस्से का क्या होगा? सुच्चासिंह का ग़ुस्सा बेजा भी तो नहीं है। उसका मेहनती शरीर है और उसे कसकर भूख लगती है। वह थोड़ी और मिन्नत करती, तो वह ज़रूर मान जाता। पर अब?

प्याऊवाला प्याऊ बन्द कर रहा था। भिखमंगा भी न जाने कब का उठकर चला गया था। हाँ, कुत्ता अब भी वहाँ आसपास घूम रहा था। धूप ढल रही थी और आकाश में उड़ते चिड़ियों के झुंड सुनहरे लग रहे थे। बालो को सड़क के पार तक फैली अपनी छाया बहुत अजीब लग रही थी। पास के किसी खेत में कोई गभरू जवान खुले गले से महिया गा रहा था :

बोलण दी थाँ कोई नाँ
जिहड़ा सानूँ ला वे दित्ता
उस रोग दा नाँ कोई नाँ।

माहिया की वह लय बालो की रग-रग में बसी हुई थी। बचपन में गर्मियों की शाम को वह और बच्चों के साथ मिलकर रहँट के पानी की धार के नीचे नाच-नाचकर नहाया करती थी, तब भी माहिया की लय इसी तरह हवा में समाई रहती थी। साँझ के झुटपुटे के साथ उस लय का एक ख़ास ही सम्बन्ध था। फिर ज्यों-ज्यों वह बड़ी होती गई, ज़िन्दगी के साथ उस लय का सम्बन्ध और गहरा होता गया। उसके गाँव का युवक लाली था जो बड़ी लोच के साथ माहिया गाया करता था। उसने कितनी बार उसे गाँव के बाहर पीपल के नीचे कान पर हाथ रखकर गाते सुना था। पुष्पा और पारो के साथ वह देर-देर तक उस पीपल के पास खड़ी रहती थी। फिर एक दिन आया जब उसकी माँ कहने लगी

कि वह अब बड़ी हो गई है, उसे इस तरह देर-देर तक पीपल के पास नहीं खड़ी रहना चाहिए। उन्हीं दिनों उसकी सगाई की भी चर्चा होने लगी। जिस दिन सुच्चासिंह के साथ उसकी सगाई हुई, उस दिन पारो आधी रात तक ढोलक पर गीत गाती रही थी। गाते-गाते पारो का गला रह गया था फिर भी वह ढोलक छोड़ने के बाद उसे बाँहों में लिये हुए गाती रही थी—

बीबी, चन्नण दे औहले ओहले किऊँ खड़ी,
नीं लाडो किऊँ खड़ी?
मैं तो खड़ी साँ बाबल जी दे बार,
मैं कँनिआ कँवार,
बाबल वर लोड़िए।
नीं जाइए, किहो जिहा वह लीजिए?
जिऊँ तारिआँ विचों चन्द,
चन्दा विचों नन्द,
नन्दाँ विचों कान्ह-कन्हैया वर लीड़िए...!

वह नहीं जानती थी कि उसका वर कौन है, कैसा है, फिर भी उसका मन कहता था कि उसके वर की सूरत-शक्ल ठीक वैसी ही होगी जैसी कि गीत की कड़ियाँ सुनकर सामने आती है। सुहागरात को जब सुच्चासिंह ने उसके चेहरे से घूँघट हटाया, तो उसे देखकर लगा कि वह सचमुच बिलकुल वैसा ही कान्ह-कन्हैया वर पा गई है। सुच्चासिंह ने उसकी ठोड़ी ऊँची की, तो न जाने कितनी लहरें उसके सिर से उठकर पैरों के नाख़ूनों में जा समाईं। उसे लगा कि ज़िन्दगी न जाने कितनी सिहरनों से भरी होगी जिन्हें वह रोज़-रोज़ महसूस करेगी और अपनी याद में सँजोकर रखती जाएगी।

"तू हीरे की कणी है, हीरे की कणी," सुच्चासिंह ने उसे बाँहों में भरकर कहा था।

उसका मन हुआ था कि कहे, यह हीरे की कणी तेरे पैर की धूल के बराबर भी नहीं है, मगर वह शरमाकर चुप रह गई थी।

"माई, अँधेरा हो रहा है, अब घर जा। यहाँ खड़ी क्या कर रही है?" प्याऊवाले ने चलते हुए उसके पास रुककर कहा।

"वीरा, यह बस आठ-नौ बजे तक जालन्धर से लौटकर आ जाएगी न?" बालो ने दयनीय भाव से उससे पूछ लिया।

"क्या पता कब तक आए? तू उतनी देर यहाँ खड़ी रहेगी?"

"वीरा, उसकी रोटी जो देनी है।"

"उसे रोटी लेनी होती, तो ले न लेता? उसका तो दिमाग़ ही आसमान पर चढ़ा रहता है।"

"वीरा, मर्द कभी नाराज़ हो ही जाता है। इसमें ऐसी क्या बात है?"

"अच्छा खड़ी रह, तेरी मर्जी। बस नौ बजे से पहले क्या आएगी!"

"चल, जब भी आए।"

प्याऊवाले से बात करके वह निश्चय ख़ुद-ब-ख़ुद हो गया जो वह अब तक नहीं कर पाई थी—कि उसे बस के जालन्धर से लौटने तक वहाँ रुकी रहना है। जिन्दां थोड़ा डरेगी—इतना ही तो न? जंगी की अब दोबारा उससे कुछ कहने की हिम्मत नहीं पड़ सकती। आख़िर गाँव की पंचायत भी तो कोई चीज़ है। दूसरे की बहन-बेटी पर बुरी नज़र रखना मामूली बात है? सुच्चासिंह को पता चल जाए, तो वह उसे केशों से पकड़कर सारे गाँव में नहीं घसीट देगा? मगर सुच्चासिंह को यह बात न बताना ही शायद बेहतर होगा। क्या पता इतनी-सी बात से दोनों में सिर-फुटौवल हो जाए? सुच्चासिंह पहले ही घर के झंझटों से घबराता है, उसे और झंझट में डालना ठीक नहीं। अच्छा हुआ जो उस वक़्त सुच्चासिंह ने बात नहीं सुनी। वह तो अभी कह रहा था कि मंगलवार को घर नहीं आएगा। अगर वह सचमुच न आया, तो? और अगर उसने ग़ुस्से होकर घर आना बिलकुल छोड़ दिया, तो? नहीं, वह उसे कभी कोई परेशान करनेवाली बात नहीं बताएगी। सुच्चासिंह ख़ुश रहे, घर की परेशानियाँ वह ख़ुद सँभाल सकती है।

वह ज़रा-सा सिहर गई। गाँव का लोटूसिंह अपनी बीवी को छोड़कर भाग गया था। उसके पीछे वह टुकड़े-टुकड़े को तरस गई थी। अन्त में उसने कुएँ में छलाँग लगाकर आत्महत्या कर ली थी। पानी से फूलकर उसकी देह कितनी भयानक हो गई थी?

उसे थकान महसूस हो रही थी, इसलिए वह जाकर प्याऊ के तख़्ते पर बैठ गई। अँधेरा होने के साथ-साथ खेतों की हलचल फिर शान्त होती जा रही थी। माहिया के गीत का स्थान अब झींगुरों के संगीत ने ले लिया था। एक बस जालन्धर की तरफ़ से और एक नकोदर की तरफ़ से आकर निकल गई। सुच्चासिंह जालन्धर से आख़िरी बस लेकर आता था। उसने पिछली बस के ड्राइवर से पता कर लिया था कि अब जालन्धर से एक ही बस आनी रहती है। अब जिस बस की बत्तियाँ दिखाई देंगी, वह सुच्चासिंह की ही बस होगी। थकान के मारे उसकी आँखें मुँदी जा रही थीं। वह बार-बार कोशिश से आँखें खोलकर उन्हें दूर तक के अँधेरे और उन काली छायाओं पर केन्द्रित करती जो धीरे-धीरे गहरी होती जा रही थीं। ज़रा-सी भी आवाज़ होती, तो उसे लगता कि बस आ रही है और वह सतर्क हो जाती। मगर बत्तियों की रोशनी न दिखाई देने से एक ठंडी साँस भर फिर से निढाल हो रहती। दो-एक बार मुँदी हुई आँखों से जैसे बस की बत्तियाँ अपनी ओर आती देखकर वह चौंक गई—मगर बस नहीं आ रही थी। फिर उसे लगने लगा कि वह घर में है और कोई ज़ोर-ज़ोर से घर के किवाड़ खटखटा रहा है। जिन्दां अन्दर सहमकर बैठी है। उसका चेहरा हल्दी की तरह पीला हो रहा है...रहँट के बैल लगातार घूम रहे हैं। उनकी घंटियों की ताल के साथ पीपल के नीचे बैठा एक युवक कान पर हाथ रखे माहिया गा रहा है...ज़ोर की धूल उड़ रही है जो धरती और आकाश की हर चीज़ को ढके ले रही है। वह अपनी रोटीवाली पोटली को सँभालने की कोशिश कर रही है, मगर वह उसके हाथ से निकलती जा रही है।...प्याऊ पर सूखे मटके रखे हैं जिनमें एक बूँद पानी नहीं है। वह बार-बार लोटा मटके में डालती है, पर उसे ख़ाली पाकर निराश हो जाती है।...उसके पैरों में बिवाइयाँ फूट रही हैं। वह हाथ की उँगली से उन पर तेल लगा रही है, मगर लगाते-लगाते ही तेल सूखता जाता है।...जिन्दां अपने खुले बाल घुटनों पर डाले रो रही है। कह रही है, 'तू मुझे छोड़कर क्यों गई थी? क्यों गई थी मुझे छोड़कर? हाय, मेरा परांदा कहाँ गया? मेरा परांदा किसने ले लिया?'

सहसा कन्धे पर हाथ के छूने से वह चौंक गई।

"सुच्चा स्याँ!" उसने जल्दी से आँखों को मल लिया।

"तू अब तक घर नहीं गई?" सुच्चासिंह तख़्ते पर उसके पास ही बैठ गया। बस ठीक प्याऊ के सामने खड़ी थी। उस वक़्त उसमें एक सवारी नहीं थी। कंडक्टर पीछे की सीट पर ऊँघ रहा था।

"मैंने सोचा रोटी देकर ही जाऊँगी। बैठे-बैठे झपकी आ गई। तुझे आए बहुत देर तो नहीं हुई?"

"नहीं, अभी बस खड़ी की है। मैंने तुझे दूर से ही देख लिया था। तू इतनी पागल है कि तब से अब तक रोटी देने के लिए यहीं बैठी है?"

"क्या करती? तू जो कह गया था कि मैं घर नहीं आऊँगा!" और उसने पलकें झपककर अपने उमड़ते आँसुओं को सुखा देने की चेष्टा की।

"अच्छा ला, दे रोटी, और घर जा! जिन्दां वहाँ अकेली डर रही होगी।" सुच्चासिंह ने उसकी बाँह थपथपा दी और उठ खड़ा हुआ।

रोटीवाला कटोरा उससे लेकर सुच्चासिंह उसकी पीठ पर हाथ रखे हुए उसे बस के पास तक ले गया। फिर वह उचककर अपनी सीट पर बैठ गया। बस स्टार्ट करने लगा, तो वह जैसे डरते-डरते बोली, "सुच्चा स्याँ, तू मंगल को घर आएगा न?"

"हाँ, आऊँगा। तुझे शहर से कुछ मँगवाना हो, तो बता दे।"

"नहीं, मुझे मँगवाना कुछ नहीं है।"

बस घरघराने लगी, तो वह दो क़दम पीछे हट गई। सुच्चासिंह ने अपनी दाढ़ी-मूँछ पर हाथ फेरा, एक डकार लिया और उसकी तरफ़ देखकर पूछ लिया, "तू उस वक़्त क्या बात बताना चाहती थी?"

"नहीं, ऐसी कोई ख़ास बात नहीं थी। मंगल को घर आएगा ही..."

"अच्छा, अब जल्दी से चली जा, देर न कर। एक मील बाट है...!"

"...सुच्चा स्याँ, कल गुर परब है। कल मैं तेरे लिए कड़ाह प्रसाद बनाकर लाऊँगी...।"

"अच्छा, अच्छा..."

बस चल दी। बालो पहियों की धूल में घिर गई। धूल साफ़ होने पर

उसने पल्ले से आँखें पोंछ लीं और तब तक बस के पीछे की लाल बत्ती को देखती रही जब तक वह आँखों से ओझल नहीं हो गई।

■

पाँचवें माले का फ़्लैट

आवाज़ ठीक सुनी थी। साफ़ नाम लेकर पुकारा गया था, "अविनाश!"

पर सोचा, ग़लतफ़हमी हुई है। पुकारने को राह-चलती भीड़ में कोई भी पुकार सकता है, पर यहाँ इस नाम से जानता कौन है? जो भी जानता है, घिसे-पिटे दफ़्तरी नाम से ही जानता है। ए. कपूर के ए. को कोई गिनती में नहीं लाता। ए. का मतलब अविनाश है या अशोक, यह जानने की ज़रूरत किसी को नहीं। कामकाजी ज़िन्दगी के सब काम कपूर से चल जाते हैं। जो अधूरापन रहता है, वह मिस्टर या साहब से पूरा हो जाता है। 'क्या हालचाल हैं, मिस्टर कपूर?' 'कहिए, कपूर साहब, क्या हो रहा है आजकल?'

मगर नाम साफ़ सुना था...

भीड़ बहुत थी। सोचा इसलिए ग़लतफ़हमी हुई होगी। या इसलिए कि फरवरी की हवा में बसन्त की हल्की ताज़गी महसूस हो रही थी। जाने कैसे! यों तो सिवाय गर्मी और बरसात के इस शहर में मौसम का पता ही नहीं चलता। आसमान बादलों से न घिरा हो तो हल्का सलेटी बना रहता है। बरसों के इस्तेमाल से उड़ा-उड़ा फीका-फीका-सा एक रंग नज़र आता है। हवा चलती है, तो ख़ूब तेज़ चलती है, नहीं चलती, तो नहीं ही चलती—समुद्र के ज्वार-भाटे का-सा अन्दाज़ रहता है उसका। दिन और रात में भी ज़्यादा फ़र्क़ नहीं होता—सिवाय अँधेरे और रोशनी के। जहाँ दिन में अँधेरा रहता है, वहाँ रात को रोशनी हो जाती है; जहाँ दिन में रोशनी रहती है, वहाँ रात को अँधेरा हो जाता है। खाना न इस मौसम में पचता है, न उस मौसम में। मगर फरवरी की वह शाम अपने

में कुछ अलग-सी थी। हवा में बसन्त का हल्का आभास ज़रूर था और पश्चिम का आकाश भी और दिनों से सुन्दर लग रहा था। साढ़े सात बजते-बजते भूख भी लग आई थी। मैं राह चलते लोगों को देख रहा था और ह्वेल मछलियों की बात सोच रहा था। मन हो रहा था कहीं अच्छी करारी मूँगफली मिल जाएँ, तो पाँच पैसे की ले ली जाएँ।

पुकारा किसी ने अविनाश को ही था। अपने लिए विश्वास इसलिए भी नहीं हुआ कि आवाज़ किसी लड़की की थी—लड़की की या स्त्री की। दोनों में फ़र्क़ होता है, मगर बहुत नहीं। इतने महीन फ़र्क़ को समझने के लिए बहुत अभ्यास की ज़रूरत है।

बम्बई शहर और मैरीन ड्राइव की शाम। ऐसे में अपने को पुकारे एक लड़की! होने को कुछ भी हो सकता है, पर अपने साथ अक्सर नहीं होता।

जैसे चल रहा था, दस-बीस क़दम और चलता गया। मुड़कर पीछे न देखता, तो न भी देखता। पर अचानक यों ही, उत्सुकतावश कि जाने अपने को ही किसी ने पुकारा हो, घूमकर देख लिया। एक हाथ को अपनी तरफ़ हिलते देखा, तो अविश्वास और बढ़ गया। बढ़ने के साथ ही अचानक दूर हो गया। चेहरा बहुत परिचित था। पहचानने में उतनी देर नहीं लगी जितनी कि उसके चेहरे से ज़ाहिर थी। दरअसल हैरानी यह हुई कि वह फिर से यहाँ कैसे!

भेल और नारियलवालों से बचता हुआ उसकी तरफ़ बढ़ा। आवाज़ देने के बाद यह जहाँ-की-तहाँ रुक गई थी। उसके बाद उसे पहचानने और उस तक पहुँचने की सारी ज़िम्मेदारी जैसे मेरे ऊपर हो। पास पहुँच जाने पर भी अपनी जगह से एकदम नहीं हिली। दूर था, तो बन्द होंठों से मुस्करा रही थी; पास पहुँचा तो खुले होंठों से मुस्कराने लगी, बस। भौंहों पर आई-ब्रो पेंसिल की गहराई को चमकाती हुई बोली, "पहचाना नहीं?"

कैसे कहता कि सवाल बेवक़ूफ़ाना है? न पहचानता तो इतना रास्ता चलकर आता? सिर्फ़ इतना कहने के लिए कि 'माफ़ कीजिएगा। मैंने आपको पहचाना नहीं।' कौन तीस गज़ चलकर आता है? मन में जितनी कुढ़न हुई आवाज़ को उतना ही मुलायम रखकर कहा, "तुम्हें क्या लगता है, नहीं पहचाना?"

वह हँस दी, जाने आदत से या ख़ुशी से। मैं मुस्करा दिया बिना किसी भी वजह के।

"पहले से काफ़ी बड़े नज़र आने लगे हो," उसने कहा और अपना पर्स हिलाने लगी। शायद साबित करने के लिए कि वह ख़ुद अभी उतनी ही शोख और कमसिन है। पहले सोचा कि उसे सच-सच बता दूँ कि वह कैसी नज़र आती है। पर शराफ़त के तक़ाज़े से वही बात कह दी जो वह सुनना चाहती थी, "तुममें इस बीच ख़ास फ़र्क़ नहीं आया।"

वह फिर हँस दी। मैं फिर मुस्करा दिया, पर इस बार बिना वजह के नहीं।

उसने पर्स हिलाना बन्द कर दिया और उसमें से मूँगफली निकाल ली। कुछ दाने मुँह में डाल लिये और बाक़ी मेरी तरफ़ बढ़ाकर बोली, "अब तक अकेले ही हो?"

जल्दी से कोई जवाब नहीं सूझा। पहले चाहा कि झूठ बोल दूँ। फिर सोचा कि सच बता दूँ। मगर मन ने झूठ-सच दोनों के लिए हामी नहीं भरी। कहीं से यह घिसी-पिटी बात लाकर ज़बान पर रख दी, "अकेला तो वह होता है जो अकेलेपन को महसूस करे।"

उसे पर्स में और दाने नहीं मिल रहे थे। कुछ देर इधर-उधर टटोलती रही, किसी कोने में दो-चार दाने हाथ लग गए, तो उसकी आँखें ख़ुशी से चमक उठीं, निकालकर एक-एक करके चबाने लगी।

उसके दाँत अब भी उसी तरह तीखे थे। मूँगफली निगलते हुए गरदन पर उसी तरह लकीरें बनती थीं। "अच्छा है, तुम महसूस नहीं करते," उसने कहा और दाने चबाती रही।

मैं उसका नाम याद करने की कोशिश कर रहा था। बहुत दिन वह नाम ज़बान पर रहा था, ऐसे नामों में से था, जो कि बहुत-सी लड़कियों का होता है। हर तीसरे घर में उस नाम की एक लड़की मिल जाती है। उन दिनों, छह-सात साल पहले, लगातार बीस-बाईस दिन उन लोगों से मिलता-जुलता रहा था। वे दो बहनें थीं, हालाँकि शक्ल-सूरत से कजिन भी नहीं लगती थीं। बड़ी के चेहरे की हड्डियाँ चौकोर थीं, छोटी के चेहरे की सलीबनुमा। रंग दोनों का गोरा था, मगर छोटी ज़्यादा गोरी लगती थी।

आँखें दोनों की बड़ी-बड़ी थीं, मगर छोटी की ज़्यादा बड़ी जान पड़ती थीं। बातूनी दोनों ही थीं, पर छोटी का बातूनीपन अखरता नहीं था। छोटी का नाम था प्रमिला, उर्फ़ पम्मी, उर्फ़ मिस पी.। और बड़ी का नाम था कि याद ही नहीं आ रहा था। जिन दिनों उनसे परिचय हुआ, बड़ी की शादी होकर तलाक़ हो चुका था। इसलिए वह ज़्यादा बचपने की बातें करती थी। हर बात में दस बार अपना नाम लेती थी। मैंने अपने से कहा, "सरला..." हाँ, सरला नाम था। कहा करती थी, "मैंने कहा, सरला, तू हमेशा इसी तरह बच्ची-की-बच्ची ही बनी रहेगी।"

अपना नाम उसे पसन्द नहीं था, क्योंकि स्पेलिंग बदलकर उसमें अंग्रेज़ियत नहीं लाई जा सकती थी। प्रमिला कभी 'ए.' को 'ओ.' में बदलकर प्रोमिला हो जाती थी, कभी 'आर' ड्राप करके पामेला बन जाती थी। इसे प्रमिला से इस बात की भी जलन थी कि वह अभी क्वाँरी क्यों है। मिलने-जुलनेवाले लोग बातें इससे करते थे, ध्यान उनका प्रमिला की तरफ़ रहता था।

"प्रमिला से मिलोगे?" उसने पूछा।

"वह भी यहीं है?" मैंने पूछा।

"हम दोनों साथ ही आई हैं," उसने कहा, "सतीश को जहाज़ पर चढ़ाना था। उसने आज जर्मन के लिए सेल किया है। वहाँ लोकोमोटिव इंजीनियरिंग के लिए गया है।"

"सतीश...!" दिमाग़ पर ज़ोर देने पर भी उस नाम के आदमी की शक्ल याद नहीं आई।

"तुम्हें सतीश की याद नहीं?" वह बहुत हैरान हुई। पल-भर ज़बान से लिपस्टिक को चाटती रही, "हमारा छोटा भाई सतीश...तुम तो उसके साथ रात-रात भर ताश खेला करते थे।"

ताश ज़रूर खेला करता था, पर जानता तब उसे सत्ती के नाम से था। यह कब सोचा था कि सात साल में सत्ती साहब बड़े होकर सतीश हो जाएँगे और उठकर लोकोमोटिव इंजीनियरिंग के लिए जर्मनी को चल देंगे!

"हाँ, याद क्यों नहीं है?" बहुत स्वाभाविकता से मैंने कहा, "सतीश

को मैं भूल सकता हूँ!" भूलना सचमुच आसान नहीं था, ख़ास तौर से उसकी खदरी नाक की वजह से।

"प्रमिला फोर्ट में शॉपिंग कर रही है," वह बोली, "मेरा दुकानों में दम घुटता था, इसलिए हवा लेने इधर चली आई थी।" हवा के झोंके से उसने अपना पल्ला कन्धे से सरक जाने दिया। उँगलियाँ इस तरह ब्लाउज के बटनों पर रख लीं जैसे उन्हें भी खोल देना हो। "आज गरमी बहुत है," यह इस तरह कहा जैसे शहर का तापमान ठीक रखने की ज़िम्मेदारी बात सुननेवाले पर हो। फिर शिकायत का दूसरा पहलू पेश किया, "दिल्ली में फरवरी का महीना कितना अच्छा होता है!"

वह मुकाम आ गया था जहाँ 'अच्छा, फिर मिलेंगे' कहकर एक-दूसरे से अलग हो जाना होता है। चाहता तो मैं ख़ुद ही कह सकता था, पर तकल्लुफ़ में उसके कहने की राह देखता रहा। उसने भी नहीं कहा। उसका शायद इस तरफ़ ध्यान ही नहीं गया। बेतकल्लुफ़ी से उसने मेरी कुहनी अपने हाथ में ले ली और बोली, "चलो, फ़्लोरा फ़ाउंटेन चलते हैं। पम्मी ने कहा था, आठ बजे मैं उसे वोल्गा के बाहर मिल जाऊँ। तुम्हें साथ देखकर उसे बहुत ख़ुशी होगी।"

पम्मी को पहचानने में थोड़ी दिक़्क़त हुई—मतलब मुझे दिक़्क़त हुई। वह तो जैसे देखने से पहले ही पहचान गई। "ओह!" उसने चौंककर कहा, "अविनाश, तुम! बम्बई में ही हो तब से?"

उसके चेहरे का सलीब जाने कहाँ गुम हो गया था। गालों में इतनी गोलाई भर आई थी कि हड्डियों का कुछ पता ही नहीं चलता था। सिर्फ़ ठोड़ी का गड्ढा उसी तरह था। बाँहें वज़न में पहले से दुगनी नहीं, तो ड्योढ़ी ज़रूर हो गई थीं। बाक़ी सब साइज़ साड़ी में ढके हुए थे। हर लिहाज़ से बड़ी बहन अब वही लगती थी।

बोलना चाहा, तो जल्दी में ज़बान नहीं हिली। हाथ एक-दूसरे में उलझकर रह गए। अपना खड़े होने का ढंग बिलकुल ग़लत जान पड़ा। "हाँ, यहीं, हूँ," इस तरह कहा कि ख़ुद अपने को हँसी आने को हुई। पर वह सुनकर सीरियस हो गई।

कोफ़्त हुई कि क्यों तब से यहीं हूँ। कोई भला आदमी इतने साल

एक शहर में रहता है? कहीं और चला गया होता, तो इतनी सीरियस तो न होती।

"उसी फ़्लैट में?" उसने दूसरा नज़ला गिराया। "एक शहर में रहे जाना किसी हद तक बर्दाश्त हो सकता है, मगर उसी फ़्लैट में बने रहना हरगिज़ नहीं। ख़ास तौर से जब फ़्लैट उस तरह का है..."

समझ में नहीं आ रहा था कि किस टाँग पर वज़न रखकर बात करूँ, दोनों ही टाँगें ग़लत लग रही थीं। पहनी हुई पतलून भी ग़लत लग रही थी। उसकी क्रीज़ ठीक नहीं थी। पहले पता होता, दूसरी पतलून पहनकर आता। क़मीज़ का बीच का बटन टूटा हुआ था। पता होता तो बटन लगा लिया होता। मुँह से कहना मुश्किल लगा कि हाँ, अब तक उसी फ़्लैट में हूँ। सिर्फ़ सिर हिला दिया।

"उसी पाँचवें माले के फ़्लैट में?" पता नहीं, उसे जानकर ख़ुशी हुई या बुरा लगा। यह शिकायत उससे उन दिनों भी थी। उसकी ख़ुशी और नाराज़गी में फ़र्क़ का पता ही नहीं चलता था।

जेब में ढूँढ़ा, शायद चारमीनार का कोई सिगरेट बचा हो। नहीं था। अनजाने में दियासलाई की डिबिया जेब से बाहर आ गई, फिर शर्मिन्दा होकर वापस चली गई। "हाँ, उसी फ़्लैट में," किसी तरह लफ़्ज़ों को मुँह में धकेला और सूखे होंठों पर ज़बान फेर ली। होंठ फिर भी तर नहीं हुए।

"अब भी उसी तरह पाँच मंज़िल चढ़कर जाना पड़ता है?" बार-बार कुरेदने में जाने उसे क्या मज़ा आ रहा था। शायद चुइंग-गम नहीं थी, इसलिए मुँह चलाने के लिए ही पूछ रही थी। उन दिनों चुइंग-गम बहुत खाती थी। कभी प्यार से मुँह बनाती, तो भी लगता चुइंग-गम की वजह से ऐसा कर रही है। चेहरे का सलीब उससे और लम्बा लगता था। मैंने एकाध बार मज़ाक़ में कहा था कि वह बबल-गम खाया करे, तो उसका चेहरा गोल हो जाएगा। उसने शायद इस बात को सीरियसली ले लिया था।

"हाँ," मैंने मार-खाए स्वर में कहा, "बिना चढ़े पाँचवीं मंज़िल पर कैसे पहुँचा जा सकता है?"

"सोच रही थी कि शायद अब तक लिफ़्ट लग गई हो।"

बहुत ग़ुस्सा आया। लिफ़्ट जैसे बाहर से लग जाती हो, या छतें फाड़कर लगाई जा सकती हो। लगनी होती तो शुरू से ही न लगी होती? कितनी-कितनी परेशानियाँ उससे बच जातीं। कम-से-कम उस एक दिन की घटना तो उस तरह होने से बच ही सकती थी।

"जब तक मकान न टूटे, लिफ़्ट कैसे लग सकती है?" अपनी तरफ़ से बहुत स्मार्ट बनकर कहा। सोचा कि अब वह इस बारे में और कुछ नहीं पूछेगी, पर उसने फिर भी पूछ ही लिया, "तो तुमने जगह बदल क्यों नहीं ली?"

पीठ में खुजली लग रही थी, पर उसके सामने खुजलाते शरम आ रही थी। कमर और कन्धों को ऐंठकर किसी तरह अपने पर काबू पाए रहा। "ज़रूरत ही नहीं समझी," पीछे जाते हाथ को वापस लाकर कहा, "अकेले रहने के लिए जगह उतनी बुरी नहीं।"

वह थोड़ा शरमा गई, जैसे कि बात मैंने उसे सुनाकर कही हो। गोल चेहरे पर झुकी-झुकी आँखें बहुत अच्छी लगीं। पहले उसकी आँखें इस तरह नहीं झुकती थीं। "अब तब शादी नहीं की?" हाथ के पैकेटों की गिनती करते हुए उसने पूछा। आवाज़ से लगा, जैसे बहुत दूर चली गई हो। सवाल में लगाव ज़रा भी नहीं था। हैरानी, हमदर्दी कुछ नहीं। उत्सुकता भी नहीं। ऐसे ही जैसे कोई पूछ ले, "अब तक दाँत साफ़ नहीं किए?"

मन छोटा हो गया। अफ़सोस हुआ कि अपने अकेलेपन का ज़िक्र क्यों किया? क्यों नहीं वक़्त निकल जाने दिया? अब जाने वह क्या सोचेगी? जाने उसी वजह से...या जाने उस फ़्लैट की वजह से...

पर अब चुप रहते बनता नहीं था। झक मारकर कहना पड़ा, "करनी होती तो तभी कर लेता।"

उसने जिस तरह देखा, उसके कई मतलब हो सकते थे—तुम झूठ बोलते हो, तुमसे किसी ने की ही नहीं, या कि देखती तुम किससे करते, या कि सच अगर तुम्हारी बिल्डिंग में लिफ़्ट लगी होती...

"अब भी क्या बिगड़ा है?" वह अपने पैकेटों को सहेजती हुई बोली, "अभी इतने ज़्यादा बड़े तो नहीं हुए कि...अचानक बड़ी बहन ने आकर उसे बात पूरी करने से बचा लिया। वह इस बीच न जाने कहाँ गुम हो

गई थी। मुझे याद भी नहीं था कि वह साथ में है। आते ही उसने हाथ झाड़कर कहा, "कहीं नहीं मिली।"

हमने हैरानी से उसकी तरफ़ देखा। उसने मुँह बिचका दिया। "सारे बाज़ार में नहीं मिली।"

"क्या चीज़?"

"मूँगफली, भुनी हुई मूँगफली। पता होता तो मैरीन ड्राइव से ख़रीद लाती।"

"अब उधर चलें?"

उसने छोटी बहन की तरफ़ देखा। छोटी बहन ने समर्थन नहीं किया, "इतना सामान साथ में है। लिये-लिये कहाँ चलेंगे?"

"सामान आपस में बाँट लेते हैं," बड़ी बहन ने सादगी इस्तेमाल की, "कुछ पैकेट अविनाश को दे दो। एकाध मुझे पकड़ा दो।"

"वापस पहुँचने में देर नहीं ही जाएगी?" छोटी बहन ने दूसरा नुक्ता निकाला, "रिश्तेदारी का मामला है। वे लोग मन में क्या सोचेंगे?"

"सोचते हैं, सोचते रहें!" बड़ी बहन ने ख़ुद ही पैकेटों का बँटवारा शुरू कर दिया, "कल हमें चले जाना है। एक ही शाम तो है हमारे पास।"

फुटपाथ। पेडेस्ट्रियन क्रॉसिंग। डोंट क्रॉस। क्रॉस नाउ।

पैकेट लिये-लिये दो लड़कियों के आगे-पीछे चलना। (लड़कियाँ— सुविधा के लिए, उन दिनों की याद में) उन दोनों का आगे या पीछे रहना। बीच में आपस में बात करना। हँसना। प्रमिला का कहना, "दीदी, तुम्हारा जवाब नहीं।" दीदी का मुँह खोले आँखों से मुझसे कॉम्प्लिमेंट चाहना। कहना, "आज शाम कितनी अच्छी है!" मेरा तापमान को याद रखना। खिसियानी हँसी हँसना। बोलने के वक़्त चुप रहना, चुप रहने के वक़्त बोल पड़ना। हँसी की बात में सीरियस रहना, सीरियस बात में मुस्करा देना। सामने से आते परिचितों का मतलब-भरी नज़र से देखना। किसी को आँख मारना, किसी को रोककर पूछ लेना, "मज़े हो रहे हैं, मज़े!"

जाने कैसा-कैसा लगा। जैसे बरसों से पैकेट उठाए हों। बरसों से वही फुटपाथ पैरों के नीचे हो। वही पेडेस्ट्रियन क्रॉसिंग सामने हो। डोंट क्रॉस। क्रॉस नाउ। बरसों से वह कह रही हो, "दीदी, तुम्हारा जवाब नहीं।" पास से कोई पूछ रहा हो, "मज़े हो रहे हैं, मज़े?"

एक मूँगफलीवाला इरोज़ के पास दिखाई दे गया। सरला फेन्स के नीचे से निकलकर सीधी उसकी तरफ़ चली गई, झपटती हुई, जैसे कि उसके भाग जाने का डर हो। दो-एक कारवालों को ब्रेक लगानी पड़ी। एक ने घूरकर मेरी तरफ़ देख लिया। मैं दम साधे नाक की सीध में चलता रहा। प्रमिला ने चलते-चलते पूछ लिया, "इस तरह ख़ामोश क्यों हो?"

"ख़ामोश! नहीं तो।" कहकर मैं सीटी बजाने लगा।

"हमने तुम्हें बोर तो नहीं किया?"

अपने पर ग़ुस्सा आया, क्यों उसे ऐसा महसूस करने दिया? क्यों नहीं कुछ-न-कुछ बात करता रहा? कितनी ही बार सोचा था कि उनसे कहीं चलकर चाय पीने को कहूँ। पर डर था कि पैसे कम न पड़ें। पहले पता होता तो किसी से उधार माँग लेता या पहली तारीख़ को बचाकर रखता। हमेशा ज़रूरत के वक़्त ही पैसे कम पड़ते थे। तब भी तो यही हुआ था। उस दिन ताश में पैसे न हारे होते...

सरला ने मूँगफली लेकर बटुए में भर ली थीं। अब एक-एक दाना निकालकर खा रही थी। बीच-बीच में हम लोगों की तरफ़ देख लेती थी, जैसे हम लोग रनर्ज़-अप हों। इससे पहले कि हम लोग पास पहुँचें, वह अगली सड़क भी क्रॉस कर गई। एलिताःलिया के बाहर खड़ी होकर मूँगफली चबाने लगी। जब तक हम वहाँ आए, वह चर्चगेट के बाहर पहुँच गई।

प्रमिला गम्भीर हो गई थी। शायद पैकेटों के बोझ से। गोरी-गदराई बाँहें लाल हो आई थीं। पलकें भारी लग रही थीं, जैसे नींद आई हो। "अब किधर चलना है?" सरला के पास पहुँचकर उसने पूछा, जैसे कह रही हो—'क्यों मुझे ख़ामख़ाह साथ घसीट रही हो?'

"बैक होम," सरला ने फटाक से जवाब दिया, जैसे पूछने, बात करने की ज़रूरत ही नहीं थी; जैसे यहीं तक लाने के लिए मुझसे पैकेट उठवाए गए थे।

"पैकेट ले लें?" प्रमिला ने गहरी नज़र से उसे देखा। उसने आँखें झपक दीं। साथ ही कहा, "बेचारे को और कितना थकाएगी?"

मन हुआ कि एकाध पैकेट हाथ से गिर जाने दूँ, ऐसे कि बड़ी को झुककर उठाना पड़े। पर अचानक शरीर में झुरझुरी दौड़ गई। पैकेट लेने-लेने

में प्रमिला का हाथ बाँह से छू गया था। अच्छा लगा कि आस्तीन चढ़ा रखी थी, वरना झुरझुरी न होती। पैकेट बहुत सँभालकर देने की कोशिश की। काफ़ी वक़्त लिया कि शायद फिर से उसका हाथ बाँह से छू जाए। मगर नहीं छुआ। इससे आख़िरी पैकेट सचमुच हाथ से छूट गया। प्रमिला ने आँखें मूँद लीं। जाने उसमें कौन-सी नाज़ुक चीज़ बन्द थी।

गिरा हुआ पैकेट ख़ुद ही उठाना पड़ा। टटोलकर देखा कि कुछ टूटा तो नहीं। कोई टूटनेवाली चीज़ नहीं लगी। शायद कपड़ा था। "आई एम सॉरी," पैकेट उसे देते हुए कहा। सोचा, शायद इस बार हाथ से हाथ छू जाए मगर नहीं छुआ। वह पैकेट लेकर उस पर से धूल झाड़ने लगी।

"कुछ टूटा तो नहीं?" मैंने पूछा।

उसने सिर हिला दिया, जैसे टूटने पर भी शराफ़त के मारे इनकार कर रही हो। फिर पैकेट को बच्चे की तरह छाती से चिपका लिया। मन हुआ कि मैं भी दो उँगलियों से उसे बच्चे की तरह सहला दूँ। पुचकारकर कहूँ, "त्यों बबलू, तोत तो नहीं लदी?"

"चलें?" प्रमिला ने बड़ी की तरफ़ देखा। बड़ी ने कलाई की घड़ी की तरफ़ देखा। फिर स्टेशन की घड़ी की तरफ़ देखा। फिर मैरीन ड्राइव से आती गाड़ियों पर नज़र डाली। फिर साँस भरकर तैयार हो गई। "आओ, चलें।"

कुछ सेकंड और गुज़र गए। इस दुविधा में कि पहले कौन चले, वे ख़ामोश मुझे देखती रहीं। मैं उन्हें देखता रहा। अचानक बड़ी मुड़कर अन्दर को चल दी। "हाय, फास्ट गाड़ी जा रही है," उसने लगभग दौड़ते हुए कहा।

छोटी ने चलते-चलते एक बार और देख लिया। आँखें हिलाईं। हाथों को जोड़ने के ढंग से जुम्बिश दी। होंठों को कुछ कहने के ढंग से हिलाया। उसके बाद इस तरह घिसटती हुई चली गई, जैसे चलानेवाली बिजली बड़ी के पैरों में हो।

कुछ देर वहीं खड़ा रहा। गाड़ी को जाते देखता रहा। फिर अपनी नंगी बाँह को सहलाता हुआ बस-स्टॉप पर आ गया।

पहली बस मिस कर दी। दूसरी भी मिस कर दी। तीसरी मिस नहीं कर सका, क्योंकि स्टॉप पर अकेला रह गया था। दो सेकंड सोचता रहा।

इससे कंडक्टर नाराज़ हो गया। फुटबोर्ड पर पाँव रखा, तो उसने डाँट दिया, "नहीं जाना मँगता तो इदर ही खड़ा रहो न! बहुत अच्छा-अच्छा शक्ल देखने को मिलता है।" मुझ पर कोई असर नहीं हुआ तो वह बिना टिकट दिये आगे चला गया। वहाँ से बार-बार मुड़कर देखता रहा, जैसे सोचता हो कि मैं उसे मनाने जाऊँगा।

एक लड़की के पास जगह ख़ाली थी। मन हुआ बैठ जाऊँ, मगर खड़ा रहा, उसे देखता रहा। लड़की बुरी नहीं थी। ख़ासी अच्छी थी। बाँहें ज़रा दुबली थीं, बस। शायद स्लीवलेस ब्लाउज़ की वजह से लगती थीं। लो-कट और स्लीवलेस। उन दिनों प्रमिला भी ऐसे ही कपड़े पहनती थी। लो-कट और स्लीवलेस। बाँहें उसकी ऐसी दुबली नहीं थीं। रोयें भी उन पर इतने नहीं थे। ख़ामख़ाह मसल देने को मन होता था। उससे एक बार कहा भी था। वह सिर्फ़ अपना होंठ काटकर रह गई थी।

कंडक्टर से नहीं रहा गया। ख़ुद ही टिकट देने चला आया। उम्मीद अब भी थी उसे कि मैं माफ़ी माँगूँगा, या कम-से-कम मुस्करा दूँगा। मगर मैं मुस्करा नहीं सका। होंठ बहुत खुश्क थे। कंडक्टर ने अपना ग़ुस्सा टिकट पर निकाल लिया। इतने ज़ोर से पंच किया कि उसका हुलिया बिगड़ गया।

घर से एक स्टॉप पहले, मेट्रो के पास उतर गया। सोचा, रात के शो का टिकट ख़रीद लूँ। टिकट मिल रहे थे, मगर तीन-पचास के। एक-पचहत्तर के बाहर 'सोल्ड आउट' का बोर्ड लगा। तीन-पचास गिनकर जेब से निकाले, फिर वापस रख दिये। उस क्लास में कभी गया नहीं था। दो मिनट क्यू में खड़ा रहकर लौट आया।

हवा थी। गर्मी भी थी। सामने गिरगाँव की सड़क थी। आसानी से क्रॉस कर सकता था। मगर घर आने को मन नहीं था। खाना खाने जाने को भी मन नहीं था। न ईरानी के यहाँ, न गुजराती के यहाँ, न ब्रजवासी के यहाँ। रोज़ तीनों जगह बदल-बदलकर खाता था। एक का ज़ायक़ा दूसरे के ज़ायक़े से दब जाता था। पैसे अदा करने में सहूलियत रहती थी। चेहरे भी नये-नये देखने को मिल जाते थे। शिकायत भी तीनों से की जा सकती थी।

मगर तीनों जगह जाने को मन नहीं हुआ। कहीं और जाकर खाने को भी मन नहीं हुआ। भूख थी। दिनों बाद ऐसी भूख लगी थी। मगर जाने, बैठने और खाने को मन नहीं हुआ। अपने पर ग़ुस्सा आया। कितनी बार सोचा था कि मक्खन-डबल रोटी घर में रखा करूँ। तरकारी-अरकारी भी वहीं बना लिया करूँ। मगर सोचने-सोचने में सात साल निकल गए थे।

"सोचा, घर ही चलना चाहिए, पर क़दम ही नहीं उठे। अँधेरे ज़ीने का ख़याल आया। एक के बाद एक—पाँच माले। पहले माले पर सारी बिल्डिंग की सड़ाँध। दूसरे पर खोपड़े की बास। तीसरे पर कुठ और अनारदाने की बू। चौथे पर आयुर्वेदिक औषधियों की गन्ध।

पाँचवें माले की बू का ठीक पता नहीं चलता था। प्रमिला ने तब कहा था कि सबसे तेज़ बू वही है। सरला इससे सहमत नहीं थी। उसका कहना था कि सबसे तेज़ गन्ध आयुर्वेदिक औषधियों की है।

कितनी ही देर वहाँ खड़ा रहा। सब जगहों का सोच लिया कि कहाँ-कहाँ जाया जा सकता है। कहीं जाने को मन नहीं हुआ। लगा कि सभी जगह बेगानापन महसूस होगा। पुरी देखकर कहेगा, "आओ, आओ! और दस मिनट न आते, तो हम लोग खाना खाकर घूमने निकल गए होते।" भटनागर शायद अन्दर से आँखें मलता हुआ निकले और कहे, "अरे, तुम, इस वक़्त? ख़ैरियत तो है?"

सड़क पार कर ली। गिरगाँव के फुटपाथ पर आ गया। प्रिंसेज़ स्ट्रीट के क्रॉसिंग पर कुछ देर रुका रहा, फिर आगे चल दिया।

ईरानी के यहाँ से मक्खन और डबलरोटी ले ली। बिस्कुटों का एक पैकेट भी ख़रीद लिया। कुछ रास्ता चलकर याद आया कि सिगरेट जेब में नहीं है। पनवाड़ी के यहाँ से दो डिबियाँ चारमीनार की ले लीं। फिर इस तरह आगे चला जैसे घर पर मेहमान आए हों, जाकर उनकी ख़ातिरदारी करनी हो।

सीढ़ियाँ गिनी हुई थीं, फिर भी गिनता हुआ चढ़ने लगा, जैसे फिर से गिनने में फ़र्क़ आ सकता हो। संख्या एक सौ बीस से सोलह-सत्रह पर लाई जा सकती हो। मगर चौबीस तक गिनकर मन ऊब गया। दूसरे माले से गिनना छोड़ दिया।

उस दिन यहीं तक आकर प्रमिला ऊब गई थी। "अभी और कितने माले चढ़ना है?" उसने पूछा था।

"तीन माले और हैं," वह हिम्मत न हार दे, इसलिए एक माले का झूठ बोल दिया था। ख़ुद जल्दी-जल्दी चढ़ने लगा था कि तीसरे माले से पहले और बात न हो। हाथों में चीज़ों को सँभालना मुश्किल लग रहा था। खाने-पीने का कितना ही सामान साथ लाया था—बिस्कुट, भुजिया, अंडे, चिउड़ा। वहाँ चाय पीने का सुझाव सरला का था। "इस तरह तुम्हारा फ़्लैट भी देख लेंगे," उसने कहा था।

प्रमिला शुरू से ही इस बात से ख़ुश नहीं थी। वह पिक्चर देखना चाहती थी—हैमलेट। एक दिन पहले मैं उनसे यही कहकर आया था। ख़ुद ही उसने 'हैमलेट' की तारीफ़ की थी। पचासेक रुपये एक दोस्त से उधार ले लिये थे, मगर चालीस से ज़्यादा उनके यहाँ ताश में हार गया था—उनके भाई के पास, जो कि इस बीच सत्ती से सतीश हो गया था। शर्मा के यहाँ वे लोग ठहरे थे। उसी ने उनसे परिचय कराया था। वह उस वक़्त घर पर नहीं था। शाम की ड्यूटी पर गया था। वह होता तो और दस-बीस उधार ले लेता। जब उन दोनों को साथ लेकर निकला, जेब में कुल छह रुपये बाक़ी थे।

उनके साथ ट्रेन में आते हुए कई-कई बातें सोचीं कि कह दूँ, भीड़ में किसी ने जेब काट ली है या किसी तरह पैर में मोच ले आऊँ या आठ बजे का कोई अपाइंटमेंट बता दूँ, पर कहते वक़्त जो बात कही वह ज़्यादा वज़नदार नहीं थी। कहा कि पिक्चर में बहुत रश है, आनेवाले पूरे हफ़्ते की सीटें बुक हो चुकी हैं।

प्रमिला को वही बुरा लग गया। वह एकाएक ख़ामोश हो गई। सरला मुस्करा दी, "अच्छा ही है," उसने कहा, "तुम आज इतने पैसे हारे भी तो हो।"

इस बात ने काफ़ी देर के लिए मुझे भी ख़ामोश कर दिया।

तीसरे माले तक आते-आते प्रमिला हाँफने लगी थी। आँखों में ख़ास तरह की शिकायत थी। जैसे कह रही हो, 'पिक्चर नहीं चल सकते थे, तो यहाँ लाने की बात भी क्या टाली नहीं जा सकती थी?' सरला आगे-आगे जा रही थी और बार-बार उसकी तरफ़ देखकर हँस देती थी।

चौथे माले से पाँचवें माले की सीढ़ी पर मैंने क़दम रखा, तो प्रमिला जहाँ की तहाँ ठिठक गई।

"अभी और ऊपर जाना है?" उसने पूछा। मुझे अपने झूठ पर अफ़सोस हुआ।

"यह आख़िरी माला है," मैंने कहा। सरला एक बार फिर हँस दी। प्रमिला की आँखों में रंगीन डोरे उभर आए। "कैसी जगह है यह रहने के लिए!" उसने बुदबुदाकर कहा और सरला की तरफ़ देख लिया, इस तरह जैसे सरला की बात अपने मुँह से कह दी हो।

ऊपर पहुँचकर दरवाज़ा खोला, बत्ती जलाई। सब सामान बिखरा पड़ा था, उससे कहीं बुरी हालत में जैसे उन लोगों के आने के दिन पड़ा था। उस दिन तो कुछ चीज़ें फिर भी ठीक-ठिकाने से रखी थीं।

जल्दी-जल्दी उन लोगों के लिए चाय बनाने लगा था। सरला घूमकर कमरे की चीज़ों को देखती रही थी। "यह पलंग कब का है। मराठों के ज़माने का?...पढ़ने की मेज़ पर वह क्या चीज़ रखी है? साबुन की टिकिया? मैंने समझा पेपरवेट है..."

प्रमिला सारा वक़्त ख़ामोश खिड़की के पास खड़ी रही थी।

लौटने से पहले सरला दो मिनट के लिए ग़ुसलख़ाने में गई, तो प्रमिला ने पहली बात कही, "टिकटों का पता पहले से नहीं कर सकते थे?"

कुछ जवाब देते नहीं बना। हारी हुई नज़र से उसकी तरफ़ देखता रहा। उसने फिर कहा, "मैं अपने लिए नहीं कह रही थी। वह पहले ही कितना कुछ कहती रहती है। अब घर जाकर पता है, क्या-क्या बातें बनाएगी?"

"मुझे इसका पता होता तो..."

"पता होना चाहिए था न!" उसका स्वर तीखा हो गया, "ज़रा-सी बात के लिए अब..."

तभी सरला ग़ुसलख़ाने से आ गई। हँसते हुए उसने कहा, "यह ग़ुसलख़ाना तो अच्छा-ख़ासा अजायबघर है। मैं तो समझती हूँ कि अन्दर जानेवालों से एक आना टिकट वसूल किया जा सकता है..."

और प्रमिला हम दोनों से पहले बाहर निकलकर ज़ीने पर पहुँच गई थी।

मक्खन, डबलरोटी और बिस्कुट का डिब्बा मेज़ पर रख दिया। कुछ देर चुपचाप पलंग पर बैठा रहा, फिर शेल्फ़ से एक पुरानी किताब निकाल लाया। बहुत दिन उस किताब को सिरहाने रखकर सोया करता था। किताब प्रमिला से ली थी। उन्हीं दिनों एक बार उनके यहाँ से ले आया था। इसलिए नहीं कि पढ़ने का ख़ास शौक़ था, बल्कि इसलिए कि अन्दर प्रमिला का एक फ़ोटो रखा नज़र आ गया था। प्रमिला जानती थी। जब किताब लेकर चला, तो वह मेरी आँखों में देखकर मुस्करा दी थी। तब परिचय शुरू-शुरू का था। वह अक्सर इस तरह मुस्कराया करती थी।

बाद में किताब लौटाने गया था तब पता चला कि वे लोग दो दिन पहले जा चुके थे।

उस दिन कितना-कुछ सोचकर गया था कि उससे उस दिन के लिए माफ़ी माँगूँगा। कहूँगा कि अब फिर किसी दिन ज़रूर वे मेरे साथ पिक्चर का प्रोग्राम बनाएँ...

उस दिन अपने कमरे को भी अच्छी तरह ठीक करके गया था। यह सोचा भी नहीं था कि वे लोग इतनी जल्दी वापस चले जाएँगे।

उनके आने से पहले ही शर्मा ने बात चलाई थी। कहा था कि देखकर बताऊँ मुझे वह लड़की कैसी लगती है। यह भी कि वे लोग जल्दी ही शादी करना चाहते हैं।

बाद में उसने नहीं पूछा कि वह मुझे कैसी लगी। कभी उन लोगों का ज़िक्र ही नहीं किया।

किताब खोली। पुरानी फटी हुई किताब थी, पॉकेट-बुक सीरीज़ की। एक-एक वर्क़ा अलग हो रहा था। वह फ़ोटो अब भी वहीं था—चौवन और पचपन सफ़े के बीच। देखकर लगा, जैसे अब भी वह उसी नज़र से देख रही हो, उसी तरह कह रही हो : 'पिक्चर नहीं चल सकते थे, तो यहाँ लाने की बात भी क्या टाली नहीं जा सकती थी?'

फ़ोटो हाथ में लेकर देखता रहा। फिर वहीं रखकर किताब बन्द कर दी। उसे पलंग पर छोड़कर उठ खड़ा हुआ। फिर पलंग से उठाकर मेज़ पर रख दिया और खिड़की के पास चला गया। बाहर वही छतें थीं,

वही सूखते हुए कपड़े, वही टूटी-फूटी बच्चों की गाड़ियाँ, पुरानी कुर्सियाँ, कनस्तर, बोतलें...

लौटकर कुर्सी पर आ गया। कितनी ही देर बैठा रहा। फिर एकाएक उठकर किताब को हाथ में ले लिया। फिर वहीं रख दिया। अन्दर जाकर छुरी ले आया और डबलरोटी से स्लाइस काटने लगा। फिर आधे कटे स्लाइस को वैसे ही छोड़कर खिड़की के पास चला गया था। वहाँ से, जैसे उसकी नज़र से, कितनी देर, कितनी ही देर, अपने को और अपने कमरे को देखता रहा, देखता रहा।

■

एक और ज़िन्दगी

...और उस एक क्षण के लिए प्रकाश के हृदय की धड़कन जैसे रुकी रही। कितना विचित्र था वह क्षण—आकाश से टूटकर गिरे हुए नक्षत्र जैसा! कुहरे के वक्ष में एक लकीर-सी खींचकर वह क्षण सहसा व्यतीत हो गया।

कुहरे में से गुज़रकर जाती हुई आकृतियों को उसने एक बार फिर ध्यान से देखा। क्या यह सम्भव था कि व्यक्ति की आँखें इस हद तक उसे धोखा दें? तो जो कुछ वह देख रहा था, वह यथार्थ ही नहीं था?

कुछ ही क्षण पहले जब वह कमरे से निकलकर बालकनी पर आया था, तो क्या उसने कल्पना में भी यह सोचा था कि आकाश के ओर-छोर तक फैले हुए कुहरे में, गहरे पानी की निचली सतह पर तैरती हुई मछलियों-जैसी जो आकृतियाँ नज़र आ रही हैं, उनमें कहीं वे दो आकृतियाँ भी होंगी? मन्दिरवाली सड़क से आते हुए दो कुहरीले रंगों पर जब उसकी नज़र पड़ी थी, तब भी क्या उसके मन में कहीं ऐसा अनुमान जागा था? फिर भी न जाने क्यों उसे लग रहा था जैसे बहुत समय से, बल्कि कई दिनों से, वह उनके वहाँ से गुज़रने की प्रतीक्षा कर रहा हो, जैसे कि उन्हें देखने के लिए ही वह कमरे से निकलकर बालकनी पर

आया हो और उन्हीं को ढूँढ़ती हुई उसकी आँखें मन्दिरवाली सड़क की तरफ़ मुड़ी हों।—यहाँ तक कि उस धानी आँचल और नीली नेकर के रंग भी जैसे उसके पहचाने हुए हों और कुहरे के विस्तार में वह उन दोनों रंगों को ही खोज रहा हो। वैसे उन आकृतियों के बालकनी के नीचे पहुँचने तक उसने उन्हें पहचाना नहीं था। परन्तु एक क्षण में सहसा वे आकृतियाँ इस तरह उसके सामने स्पष्ट हो उठी थीं जैसे जड़ता के क्षण के अवचेतन की गहराई में डूबा हुआ कोई विचार एकाएक चेतना की सतह पर कौंध गया हो।

नीली नेकरवाली आकृति घूमकर पीछे की तरफ़ देख रही थी। क्या उसे भी कुहरे में किसी की खोज थी? और किसकी? प्रकाश का मन हुआ कि उसे आवाज़ दे, मगर उसके गले से शब्द नहीं निकले। कुहरे का समुद्र अपनी गम्भीरता में ख़ामोश था, मगर उसकी अपनी ख़ामोशी एक ऐसे तूफ़ान की तरह थी जो हवा न मिलने से अपने अन्दर ही घुमड़कर रह गया हो। नहीं तो क्या वह इतना ही असमर्थ था कि उसके गले से एक शब्द भी न निकल सके?

वह बालकनी से हटकर कमरे में आ गया। वहाँ अपने अस्त-व्यस्त सामान पर नज़र पड़ी, तो शरीर में निराशा की एक सिहरन दौड़ गई। क्या यही वह ज़िन्दगी थी जिसके लिए उसने...? परन्तु उसे लगा कि उसके पास कुछ भी सोचने के लिए समय नहीं है। उसने जल्दी-जल्दी कुछ चीज़ों को उठाया और रख दिया जैसे कि कोई चीज़ ढूँढ़ रहा हो जो उसे मिल न रही हो। अचानक खूँटी पर लटकती पतलून पर नज़र पड़ी, तो उसने पाजामा उतारकर जल्दी से उसे पहन लिया। फिर पल-भर खोया-सा खड़ा रहा। उसे समझ नहीं आ रहा था कि वह क्या चाहता है। क्या वह उन दोनों के पीछे जाना चाहता था? या बालकनी पर खड़ा होकर पहले की तरह उन्हें देखते रहना चाहता था?

अचानक उसका हाथ मेज़ पर रखे ताले पर पड़ गया, तो उसने उसे उठा लिया। जल्दी से दरवाज़ा बन्द करके वह ज़ीने से उतरने लगा। ज़ीने पर आकर ध्यान आया कि जूता नहीं पहना। वह पल-भर ठिठककर खड़ा रहा, मगर लौटकर नहीं गया। नीचे सड़क पर पहुँचते ही पाँव कीचड़

में लथपथ हो गए। दूर देखा—वे दोनों आकृतियाँ घोड़ों के अड्डे के पास पहुँच चुकी थीं। वह जल्दी-जल्दी चलने लगा। पास से गुज़रते एक घोड़ेवाले से उसने कहा कि आगे जाकर नीली नेकरवाले बच्चे को रोक ले—उससे कहे कि कोई उससे मिलने के लिए आ रहा है। घोड़ेवाला घोड़ा दौड़ाता हुआ गया, मगर उन दोनों के पास न रुककर आगे निकल गया। वहाँ जाकर न जाने किसे उसने उसका सन्देश दे दिया।

जल्दी-जल्दी चलते हुए भी प्रकाश को लग रहा था जैसे वह बहुत आहिस्ता चल रहा हो, जैसे उसके घुटने जकड़ गए हों और रास्ता बहुत-बहुत लम्बा हो गया हो। उसका मन इस आशंका से बेचैन था कि उसके पास पहुँचने तक वे लोग घोड़ों पर सवार होकर वहाँ से चल न दें, और जिस दूरी को वह नापना चाहता था, वह ज्यों-की-त्यों न बनी रहे। मगर ज्यों-ज्यों फ़ासला कम हो रहा था, उसका कम होना भी उसे अखर रहा था। क्या वह जान-बूझकर अपने को एक ऐसी स्थिति में नहीं डाल रहा था जिससे उसे अपने को बचाए रखना चाहिए था?

उन लोगों ने घोड़े नहीं लिये थे। वह जब उनसे तीन-चार गज़ दूर रह गया, तो सहसा उसके पाँव रुक गए। तो क्या सचमुच अब उसे उस स्थिति का सामना करना ही था?

"पाशी!" इससे पहले कि वह निश्चय कर पाता, अनायास उसके मुँह से निकल गया।

बच्चे की बड़ी-बड़ी आँखें उसकी तरफ़ घूम गईं—साथ ही उसकी माँ की आँखें भी। कुहरे में अचानक कई-कई बिजलियाँ कौंध गईं। प्रकाश दो-एक क़दम और आगे बढ़ गया। बच्चा हैरान आँखों से उसकी तरफ़ देखता हुआ अपनी माँ के साथ सट गया।

"पलाश, इधर आ मेरे पास," प्रकाश ने हाथ से चुटकी बजाते हुए कहा, जैसे कि यह हर रोज़ की साधारण घटना हो और बच्चा अभी कुछ मिनट पहले ही उसके पास से अपनी माँ के पास गया हो।

बच्चे ने माँ की तरफ़ देखा। वह अपनी आँखें हटाकर दूसरी तरफ़ देख रही थी। बच्चा अब और भी उसके साथ सट गया और उसकी आँखें हैरानी के साथ-साथ एक शरारत से चमक उठीं।

प्रकाश को खड़े-खड़े उलझन हो रही थी। लग रहा था कि ख़ुद चलकर उस दूरी को नापने के सिवा अब कोई चारा नहीं है। वह लम्बे-लम्बे डग भरकर बच्चे के पास पहुँचा और उसे उसने अपनी बाँहों में उठा लिया। बच्चे ने एक बार किलककर उसके हाथों से छूटने की चेष्टा की, परन्तु दूसरे ही क्षण अपनी छोटी-छोटी बाँहें उसके गले में डालकर वह उससे लिपट गया। प्रकाश उसे लिये हुए थोड़ा एक तरफ़ को हट आया।

"तूने पापा को पहचाना नहीं था क्या?"

"पैताना ता," बच्चा बाँहें उसके गले में डाले झूलने लगा।

"तो तू झट से पापा के पास आया क्यों नहीं?"

"नहीं आया," कहकर बच्चे ने उसे चूम लिया।

"तू आज ही यहाँ आया है?"

"नहीं, तल आया ता।"

"अभी रहेगा या आज ही लौट जाएगा?"

"अबी तीन-चाल दिन लहूँदा।"

"तो पापा के पास मिलने आएगा न?"

"आऊँदा।"

प्रकाश ने एक बार उसे अच्छी तरह अपने साथ सटाकर चूम लिया, तो बच्चा किलककर उसके माथे, आँखों और गालों को जगह-जगह चूमने लगा।

"कैसा बच्चा है!" पास खड़े एक कश्मीरी मज़दूर ने सिर हिलाते हुए कहा।

"तुम तहाँ लहते हो?" बच्चा बाँहें उसी तरह उसकी गरदन में डाले जैसे उसे अच्छी तरह देखने के लिए थोड़ा पीछे को हट गया।

"वहाँ!" प्रकाश ने दूर अपनी बालकनी की तरफ़ इशारा किया, "तू कब तक वहाँ आएगा?"

"अबी ऊपल जातल दूद पिऊँदा, उछके बाद तुमाले पाछ आऊँदा।" बच्चे ने अब अपनी माँ की तरफ़ देखा और उसकी बाँहों से निकलने के लिए मचलने लगा।

"मैं वहाँ बालकनी में कुर्सी डालकर बैठा रहूँगा और तेरा इन्तज़ार करूँगा," बच्चा बाँहों से उतरकर अपनी माँ की तरफ़ भाग गया, तो प्रकाश ने पीछे से कहा। क्षण-भर के लिए उसकी आँखें बच्चे की माँ से मिल गईं, परन्तु अगले ही क्षण दोनों दूसरी-दूसरी तरफ़ देखने लगे। बच्चा जाकर माँ की टाँगों से लिपट गया। वह कुहरे के पार देवदारों की धुँधली रेखाओं को देखती हुई बोली, "तुझे दूध पीकर आज खिलनमर्ग नहीं चलना है?"

"नहीं," बच्चे ने उसकी टाँगों के सहारे उछलते हुए सपाट जवाब दिया। "मैं दूद पीतल पापा ते पाछ जाऊँदा।"

तीन दिन, तीन रातों से आकाश घिरा था। कुहरा धीरे-धीरे इतना घना हो गया था कि बालकनी से आगे कोई रूप, कोई रंग नज़र नहीं आता था। आकाश की पारदर्शिता पर जैसे गाढ़ा सफ़ेदा पोत दिया गया था। ज्यों-ज्यों वक़्त बीत रहा था, कुहरा और घना होता जा रहा था। कुर्सी पर बैठे हुए प्रकाश को किसी-किसी क्षण महसूस होने लगता जैसे वह बालकनी पहाड़ियों से घिरे खुले विस्तार में न होकर अन्तरिक्ष के किसी रहस्यमय प्रदेश में बनी हो—नीचे और ऊपर केवल आकाश ही आकाश हो—अतल में बालकनी की सत्ता अपने में पूर्ण और स्वतंत्र एक लोक की तरह हो...।

उसकी आँखें इस तरह एकटक सामने देख रही थीं, जैसे आकाश और कुहरे में उसे कोई अर्थ ढूँढ़ना हो—अपनी बालकनी के वहाँ होने का रहस्य जानना हो।

कुहरे के बादल कई-कई रूप लेकर हवा में इधर-उधर भटक रहे थे। अपनी गहराई में फैलते और सिमटते हुए वे अपनी थाह नहीं पा रहे थे। बीच में कहीं-कहीं देवदारों की फुनगियाँ एक हरी लकीर की तरह बाहर निकली थीं—कुहरीले आकाश पर लिखी गई एक अनिश्चित-सी लिपि जैसी। देखते-देखते वह लकीर भी गुम हुई जा रही थी—कुहरे का उफान उसे भी रहने देना नहीं चाहता था। लकीर को मिटते देखकर प्रकाश के स्नायुओं में एक तनाव-सा भर रहा था—जैसे किसी भी-तरह वह उस

लक़ीर को मिटने से बचा लेना चाहता हो। परन्तु जब लकीर एक बार मिटकर फिर कुहरे से बाहर नहीं निकली, तो उसने सिर पीछे को डाल लिया और ख़ुद भी कुहरे में कुहरा होकर पड़ रहा...। अतीत के कुहरे में कहीं वह दिन भी था जो चार साल में अब तक बीत नहीं सका था...।

बच्चे की पहली वर्षगाँठ थी उस दिन—वही उसके जीवन की भी सबसे बड़ी गाँठ बन गई थी...।

ब्याह के कुछ महीने बाद से ही पति-पत्नी अलग रहने लगे थे। ब्याह के साथ जो सूत्र जुड़ना चाहिए था, वह जुड़ नहीं सका था। दोनों अलग-अलग जगह काम करते थे और अपना-अपना स्वतंत्र ताना-बाना बुनकर जी रहे थे। लोकाचार के नाते साल-छह महीने में कभी एक बार मिल लिया करते थे। वह लोकाचार ही इस बच्चे को दुनिया में ले आया था...।

बीना समझती थी कि इस तरह जान-बूझकर उसे फँसा दिया गया है। प्रकाश सोचता था कि अनजाने में ही उससे एक कसूर हो गया है।

साल-भर बच्चा माँ के ही पास रहा था। बीच में बच्चे की दादी छह-सात महीने उसके पास रह आई थी।

पहली वर्षगाँठ पर बीना ने लिखा था कि वह बच्चे को लेकर अपने पिता के पास लखनऊ जा रही है। वहीं पर बच्चे के जन्म-दिन की पार्टी देगी।

प्रकाश ने उसे तार दिया था कि वह भी उस दिन लखनऊ आएगा। अपने एक मित्र के यहाँ हज़रतगंज में ठहरेगा। अच्छा होगा कि पार्टी वहीं दी जाए। लखनऊ के कुछ मित्रों को भी उसने सूचित कर दिया था कि बच्चे की वर्षगाँठ के अवसर पर वे उसके साथ चाय पीने के लिए आएँ।

उसने सोचा था कि बीना उसे स्टेशन पर मिल जाएगी, परन्तु वह नहीं मिली। हज़रतगंज पहुँचकर नहा-धो चुकने के बाद उसने बीना के पास सन्देश भेजा कि वह वहाँ पहुँच गया है, कुछ लोग साढ़े चार-पाँच बजे चाय पीने आएँगे, इससे पहले वह बच्चे को लेकर ज़रूर वहाँ आ जाए। मगर पाँच बजे, छह बजे, सात बज गए—बीना बच्चे को लेकर नहीं आई। दूसरी बार सन्देश भेजने पर पता चला कि वहाँ उन लोगों की पार्टी चल रही है। बीना ने कहला भेजा कि बच्चा आठ बजे तक ख़ाली नहीं होगा, इसलिए वह अभी उसे लेकर नहीं आ सकती। प्रकाश ने अपने

मित्रों को चाय पिलाकर विदा कर दिया। बच्चे के लिए ख़रीदे हुए उपहार बीना के पिता के यहाँ भेज दिये। साथ में यह सन्देश भेजा कि बच्चा जब भी ख़ाली हो, उसे थोड़ी देर के लिए उसके पास ले आया जाए।

मगर आठ के बाद नौ बजे, दस बजे, बारह बज गए, पर बीना न तो ख़ुद बच्चे को लेकर आई, और न ही उसने उसे किसी और के साथ भेजा।

वह रात-भर सोया नहीं। उसके दिमाग़ को जैसे कोई छेनी से छीलता रहा।

सुबह उसने फिर बीना के पास सन्देश भेजा। इस बार बीना बच्चे को लेकर आ गई। उसने बताया कि रात को पार्टी देर तक चलती रही, इसलिए उसका आना सम्भव नहीं हुआ। अगर सचमुच उसे बच्चे से प्यार था, तो उसे चाहिए था कि उपहार लेकर ख़ुद उनके यहाँ पार्टी में चला आता...।

उस दिन सुबह से शुरू हुई बातचीत आधी रात तक चलती रही। प्रकाश बार-बार कहता रहा, "बीना, मैं इसका पिता हूँ। उस नाते मुझे इतना अधिकार तो है ही कि मैं इसे अपने पास बुला सकूँ।"

परन्तु बीना का उत्तर था, "आपके पास पिता का दिल होता, तो आप पार्टी में न आ जाते? यह तो एक आकस्मिक घटना ही है कि आप इसके पिता हैं।"

"बीना!" वह फटी-फटी आँखों से उसके चेहरे की तरफ़ देखता रह गया। "मैं नहीं समझ पा रहा कि तुम दरअसल चाहती क्या हो!"

"मैं कुछ भी नहीं चाहती। आपसे मैं क्या चाहूँगी?"

"तुमने सोचा है कि तुम्हारे इस तरह व्यवहार करने से बच्चे का क्या होगा?"

"जब हम अपने ही बारे में कुछ नहीं सोच सके, तो इसके बारे में क्या सोचेंगे!"

"क्या तुम पसन्द करोगी कि बच्चे को मुझे सौंप दो और ख़ुद स्वतंत्र हो जाओ?"

"इसे आपको सौंप दूँ?" बीना के स्वर में वितृष्णा गहरी हो गई, "किस चीज़ के भरोसे? कल को आपकी ज़िन्दगी क्या होगी, यह कौन कह सकता है? बच्चे को उस अनिश्चित ज़िन्दगी के भरोसे छोड़ दूँ—इतनी मूर्ख मैं नहीं हूँ।"

"तो क्या तुम यही चाहोगी कि इसका फ़ैसला करने के लिए अदालत में जाया जाए?"

"आप अदालत में जाना चाहें, तो मुझे कोई एतराज़ नहीं है। ज़रूरत पड़ने पर मैं सुप्रीम कोर्ट तक आपसे लड़ूँगी। आपका बच्चे पर कोई हक़ नहीं है।"

बच्चे को पिता से ज़्यादा माँ की ज़रूरत होती है—कई दिन, कई सप्ताह वह मन ही मन संघर्ष करता रहा। जहाँ उसे दोनों न मिल सकें वहाँ माँ तो उसे मिलनी ही चाहिए। अच्छा है, मैं बच्चे की बात भूल जाऊँ और नये सिरे से अपनी ज़िन्दगी शुरू करने की कोशिश करूँ...।

मगर...।

"फ़िज़ूल की भावुकता में कुछ नहीं रखा है। बच्चे-अच्चे तो होते ही रहते हैं। सम्बन्ध-विच्छेद करके फिर से ब्याह कर लिया जाए, तो घर में और बच्चे हो जाएँगे। मन में इतना ही सोच लेना होगा कि इस बच्चे के साथ कोई दुर्घटना हो गई थी...।"

सोचने-सोचने में दिन, सप्ताह और महीने निकलते गए। मन में आशंका उठती—क्या सचमुच पहले की ज़िन्दगी को मिटाकर इनसान नये सिरे से ज़िन्दगी शुरू कर सकता है? ज़िन्दगी के कुछ वर्षों को वह एक दुःस्वप्न की तरह भूलने का प्रयत्न कर सकता है? कितने इनसान हैं जिनकी ज़िन्दगी कहीं-न-कहीं, किसी-न-किसी दोराहे से ग़लत दिशा की तरफ़ भटक जाती है। क्या उचित यह नहीं कि इनसान उस रास्ते को बदलकर अपने को सही दिशा में ले आए? आख़िर आदमी के पास एक ही तो ज़िन्दगी होती है—प्रयोग के लिए भी और जीने के लिए भी। तो क्यों आदमी एक प्रयोग की असफलता को ज़िन्दगी की असफलता मान ले? कोर्ट में काग़ज़ पर हस्ताक्षर करते समय छत के पंखे से टकराकर एक चिड़िया का बच्चा नीचे आ गिरा।

"हाय, चिड़िया मर गई," किसी ने कहा।

"मरी नहीं, अभी ज़िन्दा है," कोई और बोला।

"चिड़िया नहीं है, चिड़िया का बच्चा है," किसी तीसरे ने कहा।

"नहीं, चिड़िया है।"

"नहीं, चिड़िया का बच्चा है।"

"इसे उठाकर बाहर हवा में छोड़ दो।"

"नहीं, यहीं पड़ा रहने दो। बाहर इसे कोई बिल्ली-विल्ली खा जाएगी।"

"पर यह यहाँ आया किस तरह?"

"जाने किस तरह? रोशनदान के रास्ते आ गया होगा।"

"बेचारा कैसे तड़प रहा है!"

"शुक्र है, पंखे ने इसे काट नहीं दिया।"

"काट दिया होता, तो बल्कि अच्छा था। अब इस तरह लुंजे पंखों से बेचारा क्या जिएगा।"

तब तक पति-पत्नी दोनों ने काग़ज़ पर हस्ताक्षर कर दिये थे। बच्चा उस समय कोर्ट के अहाते में कौओं के पीछे भागता हुआ किलकारियाँ भर रहा था। वहाँ आसपास धूल उड़ रही थी और चारों तरफ़ मटियाली-सी धूप फैली थी...।

फिर दिन, सप्ताह और महीने...!

अढाई साल गुज़र जाने पर भी वह फिर से ज़िन्दगी शुरू करने की बात तय नहीं कर पाया था। उस बीच बच्चा तीन बार उससे मिलने के लिए आया था। वह नौकर के साथ आता और दिन-भर उसके पास रहकर अँधेरा होने पर लौट जाता। पहली बार वह उससे शरमाता रहा था, मगर बाद में उससे हिल-मिल गया था। वह बच्चे को लेकर घूमने चला जाता, उसे आइसक्रीम खिलाता, खिलौने ले देता। बच्चा जाने के वक़्त हठ करता, "अबी नहीं दाऊँदा। दूद पीतल दाऊँदा। थाना थातल दाऊँदा।"

जब बच्चा इस तरह की बात कहता, तो उसके अन्दर कोई चीज़ दुखने लगती। उसका मन होता था कि नौकर को झिड़ककर वापस भेज दे और बच्चे को कम-से-कम रात-भर के लिए अपने पास रख ले। जब नौकर बच्चे से कहता, "बाबा, चलो, अब देर हो रही है," तो उसका मन एक हताश आवेश से काँपने लगता, और बहुत मुश्किल से वह अपने को सँभाल पाता। आख़िरी बार बच्चा रात के नौ बजे तक रुका रह गया तो एक अपरिचित व्यक्ति उसे लेने के लिए चला आया।

बच्चा उस समय उसकी गोदी में बैठा खाना खा रहा था।

"देखिए, अब बच्चे को भेज दीजिए, इसे बहुत देर हो गई," उस अजनबी ने कहा।

"आप देख रहे हैं, बच्चा खाना खा रहा है," उसका मन हुआ कि मुक्का मारकर उस आदमी के दाँत तोड़ दे।

"हाँ-हाँ, आप खाना खिला लीजिए," अजनबी ने उदारता के साथ कहा। "मैं नीचे इन्तज़ार कर रहा हूँ।"

ग़ुस्से के मारे उसके हाथ इस तरह काँपने लगे कि उसके लिए बच्चे को खाना खिलाना असम्भव हो गया।

जब नौकर बच्चे को लेकर चला गया, तो उसने देखा कि बच्चे की टोपी वहीं रह गई है। वह टोपी लिये हुए दौड़कर नीचे पहुँचा, तो देखा कि नौकर और अजनबी के अलावा बच्चे के साथ कोई और भी है—उसकी माँ। वे लोग चालीस-पचास गज़ आगे चल रहे थे। उसने नौकर को आवाज़ दी, तो चारों ने मुड़कर एक साथ उसकी तरफ़ देखा। फिर नौकर टोपी लेने के लिए लौट आया और शेष तीनों आगे चलने लगे।

उस रात कम्बल में मुँह-सिर लपेटकर वह देर तक रोता रहा।

तब नये सिरे से फिर वही सवाल उसके मन में उठने लगा। क्यों वह अपने को इस अतीत से पूरी तरह मुक्त नहीं कर लेता? अगर बसा हुआ घर-बार हो, तो उसकी चहल-पहल में वह इस दुख को भूल नहीं जाएगा? उसने अपने को इसीलिए तो बच्चे से अलग किया था कि अपनी ज़िन्दगी को एक नया मोड़ दे सके—फिर इस तरह अकेली ज़िन्दगी जीकर वह यह यंत्रणा किसलिए सह रहा है?

परन्तु नये सिरे से ज़िन्दगी शुरू करने की कल्पना में सदा एक आशंका मिली रहती थी। वह जितना उस आशंका से लड़ता था, वह उतनी ही और तीव्र हो उठती थी—जब उसका एक प्रयोग सफल नहीं हुआ, तो कैसे कहा जा सकता था कि दूसरा प्रयोग सफल होगा?

वह पहले की भूल दोहराना नहीं चाहता था, इसलिए उसकी आशंका ने उसे बहुत सतर्क कर दिया था। वह जिस किसी लड़की को अपनी भावी पत्नी के रूप में देखता, उसके चेहरे में उसे अपने पहले जीवन

की छाया नज़र आने लगती। हालाँकि वह स्पष्ट रूप से इस विषय में कुछ भी सोच नहीं पाता था, फिर भी उसे लगता कि वह किसी ऐसी ही लड़की के साथ जीवन बिता सकता है जो हर लिहाज़ से बीना के उलट हो। बीना में बहुत अहंकार था, वह उसके बराबर पढ़ी-लिखी थी, उससे ज़्यादा कमाती थी। उसे अपनी स्वतंत्रता का बहुत मान था और उस पर भारी पड़ती थी। बातचीत भी वह खुले मरदाना ढंग से करती थी। वह अब एक ऐसी लड़की चाहता था जो हर लिहाज़ से उस पर निर्भर करे और जिसकी कमजोरियाँ एक पुरुष के आश्रय की अपेक्षा रखती हों।

कुछ ऐसी ही लड़की थी निर्मला—उसके मित्र कृष्ण जुनेजा की बहन। दो बार उसने उस लड़की को जुनेजा के यहाँ देखा था। वह बहुत सीधी-सी लड़की थी। साधारण पढ़ी-लिखी थी और साधारण ढंग से ही रहती थी। छब्बीस-सत्ताईस की होकर भी देखने में वह अठारह-उन्नीस से ज़्यादा की नहीं लगती थी। वह जुनेजा के घर की कठिनाइयों को जानता था। उन कठिनाइयों के कारण ही शायद इतनी उम्र तक उस लड़की की शादी नहीं हो सकी थी। जब निर्मला के साथ उसके ब्याह की बात उठाई गई, तो उसे सचमुच लगा कि उसकी ज़िन्दगी अब सही पटरी पर आ जाएगी। बात तय हो जाने के बाद उसे अपना-आप काफ़ी भरा-भरा-सा लगने लगा। हवा और आकाश में उसे एक और ही आकर्षण लगने लगा। निर्मला ब्याहकर घर में आई भी नहीं थी कि वह शाम को लौटते हुए फूलों की बेनियाँ ख़रीदकर घर लाने लगा। अपना पहला घर उसे छोटा लगने लगा, इसीलिए उसने एक बड़ा घर ले लिया और नया फ़र्नीचर ख़रीदकर उसे सजा दिया। पास में ज़्यादा पैसे नहीं थे, फिर भी क़र्ज़ लेकर उसने निर्मला के लिए कितना कुछ बनवा डाला...।

निर्मला हँसती हुई उसके घर में आई—मगर वह एक ऐसी हँसी थी जो हँसने का मौक़ा न रहने पर भी थमने में नहीं आती थी।

पहले कुछ दिन तो वह समझ नहीं सका कि वह हँसी क्या है। निर्मला कभी भी बिना बात के हँसना शुरू कर देती और देर तक हँसती रहती। वह हैरान होकर उसे देखता रहता। तीन-चार साल के बच्चे भी

वैसे आकस्मिक ढंग से नहीं हँसते थे जैसे वह हँसती थी। कोई उसके सामने गिर जाए या कोई चीज़ किसी के हाथ से गिरकर टूट जाए, तो उसके लिए अपनी हँसी रोकना असम्भव हो जाता था। ऐसे में लगातार दस-दस मिनट तक वह हँसी से बेहाल रहती। वह उसे समझाने की चेष्टा करता कि ऐसी बातों पर नहीं हँसा जाता, तो निर्मला को और भी हँसी छूटती। वह उसे डाँट देता, तो वह उसी आकस्मिक ढंग से बिस्तर पर लेटकर हाथ-पैर पटकती हुई रोने लगती, चिल्ला-चिल्लाकर अपनी मरी हुई माँ को पुकारने लगती, और अन्त में बाल बिखेरकर देवी बन जाती और घर-भर को शाप देने लगती। कभी अपने कपड़े फाड़कर इधर-उधर छिपा देती, अपने गहने जूतों के अन्दर सँभाल देती। कभी अपनी बाँह पर फोड़े की कल्पना करके दो-दो दिन उसके दर्द से कराहती रहती और फिर सहसा स्वस्थ होकर कपड़े धोने लगती और सुबह से शाम तक कपड़े धोती रहती।

जब मन शान्त होता, तो मुँह गोल किए वह अँगूठा चूसने लगती।

उठते-बैठते, खाते-पीते, प्रकाश के सामने निर्मला के तरह-तरह के रूप आते रहते और उसका मन एक अन्धे कुएँ में भटकने लगता। रास्ता चलते हुए उसके मन में एक शून्य-सा घिर आता और वह भौचक्का-सा सड़क के किनारे खड़ा होकर सोचने लगता कि वह घर से क्यों आया है और कहाँ जा रहा है। उसका किसी से मिलने या कहीं भी आने-जाने को मन न होता। कई बार वह बिलकुल जड़ होकर देर-देर तक एक ही जगह खड़ा या बैठा रहता। एक बार सड़क पर चलते हुए वह खम्भे से टकराकर नाली में गिर गया। एक बार बस पर चढ़ने की कोशिश में नीचे गिर जाने से उसकी बुश्शर्ट पीछे से फट गई और वह इससे बेख़बर दूसरी बस में चढ़कर आगे चल दिया। उसे पता तब चला जब किसी ने रास्ते में उससे कहा, "जेंटलमैन, तुम्हें घर जाकर कपड़े बदल लेने चाहिए?"

उसे लगता जैसे वह जी न रहा हो, अन्दर-ही-अन्दर घुट रहा हो। क्या यही वह ज़िन्दगी थी जिसे पाने के लिए उसने इतने साल अपने से संघर्ष किया था?

उसे ग़ुस्सा आता कि जुनेजा ने उसके साथ ऐसा क्यों किया? उस लड़की को मानसिक अस्पताल में भेजने की जगह उसका ब्याह क्यों कर दिया? उसने जुनेजा को इस सम्बन्ध में पत्र लिखे, परन्तु उसकी ओर से कोई उत्तर नहीं मिला। उसने जुनेजा को बुला भेजा, तो वह आया भी नहीं। वह स्वयं जुनेजा से मिलने गया, तो जवाब मिला कि निर्मला अब उसकी पत्नी है—उसके मायके के लोगों का उनकी ज़िन्दगी में कोई दख़ल नहीं है।

और निर्मला रात-दिन घर में उसी तरह हँसती और रोती रहती...!

"तुम मेरे भाई से क्या पूछने गए थे?" वह बाल बिखेरकर 'देवी' का रूप धारण किए हुए कहती, "तुम बीना की तरह मुझे भी तलाक़ देना चाहते हो? किसी तीसरी को घर में लाना चाहते हो? मगर मैं बीना नहीं हूँ। वह सती स्त्री नहीं थी। मैं सती स्त्री हूँ। तुम मुझे छोड़ने की बात मन में लाओगे, तो मैं इस घर को जलाकर भस्म कर दूँगी—सारे शहर में भूचाल ले आऊँगी। लाऊँ भूचाल?" और बाँहें फैलाकर वह चिल्लाने लगती, "आ भूचाल, आ...आ! मैं सती स्त्री हूँ, तो इस घर की ईंट से ईंट बजा दे। आ, आ, आ!"

वह उसे शान्त करने की चेष्टा करता, तो वह कहती, "देखो, तुम मुझसे दूर रहो। मेरे शरीर को हाथ मत लगाओ। मैं सती स्त्री हूँ। देवी हूँ। तुम मेरा सतीत्व नष्ट करना चाहते हो? मुझे ख़राब करना चाहते हो? मेरा तुमसे ब्याह कब हुआ है? मैं तो अभी कँवारी हूँ। छोटी-सी बच्ची हूँ। संसार का कोई भी पुरुष मुझे नहीं छू सकता। मैं आध्यात्मिक जीवन जीती हूँ। मुझे कोई छूकर देखे तो...।"

और बाल बिखरे हुए उसी तरह बोलती-चिल्लाती कभी वह घर की छत पर पहुँच जाती और कभी बाहर निकलकर घर के आसपास चक्कर काटने लगती। उसने एक-दो बार होंठों पर हाथ रखकर निर्मला का मुँह बन्द करना चाहा, तो वह और भी ज़ोर से चिल्लाने लगी, "तुम मेरा मुँह बन्द करना चाहते हो? मेरा गला घोंटना चाहते हो? मुझे मारना चाहते हो? तुम्हें पता है मैं देवी हूँ? मेरे चारों भाई चार शेर हैं! वे तुम्हें नोच-नोचकर खा जाएँगे। उन्हें पता है उनकी बहन देवी है। कोई मेरा बुरा चाहेगा, तो

वे उसे उठाकर ले जाएँगे और काल-कोठरी में बन्द कर देंगे। मेरे बड़े भाई ने अभी-अभी नई कार ली है। मैं उसे चिट्ठी लिख दूँ, तो वह अभी कार लेकर आ जाएगा, और हाथ-पैर बाँधकर तुम्हें कार में डालकर ले जाएगा। छह महीने बन्द रखेगा, फिर छोड़ेगा। तुम्हें पता नहीं वे चारों के चारों शेर कितने ज़ालिम हैं? वे राक्षस हैं, राक्षस। आदमी की बोटी-बोटी काट दें और किसी को पता भी न चले। मगर मैं उन्हें नहीं बुलाऊँगी। मैं सती स्त्री हूँ, इसलिए अपने सत्य से ही अपनी रक्षा करूँगी...!"

सब कोशिशों से हारकर वह थका हुआ अपने पढ़ने के कमरे में बन्द होकर पड़ जाता, तो भी आधी रात तक वह साथ के कमरे में उसी तरह बोलती रहती। फिर बोलते-बोलते अचानक चुप कर जाती और थोड़ी देर बाद उसका दरवाज़ा खटखटाने लगती।

"क्या बात है?" वह कहता।

"इस कमरे में मेरी साँस रुक रही है," निर्मला जवाब देती, "दरवाज़ा खोलो, मुझे अस्पताल जाना है!"

"इस समय सो जाओ," वह कहता, "सुबह तुम जहाँ कहोगी, वहाँ ले चलूँगा।"

"मैं कहती हूँ दरवाज़ा खोलो, मुझे अस्पताल जाना है," और वह ज़ोर-ज़ोर से धक्के देकर दरवाज़ा तोड़ने लगती।

वह दरवाज़ा खोल देता, तो वह हँसती हुई उसके सामने आ जाती।

"तुम्हें हँसी किस बात की आ रही है?" वह कहता।

"तुम्हें लगता है मैं हँस रही हूँ?" निर्मला और भी ज़ोर से हँसने लगती, "यह हँसी नहीं, रोना है रोना।"

"तुम अस्पताल चलना चाहती हो?"

"क्यों?

"अभी तुम कह रही थीं...!"

"मैं अस्पताल जाने के लिए कहाँ कह रही थी? मैं तो कह रही थी कि मुझे उस कमरे में डर लगता है, मैं यहाँ तुम्हारे पास सोऊँगी।"

"देखो निर्मला, इस समय मेरा मन ठीक नहीं है। तुम बाद में चाहे मेरे पास आ जाना, मगर इस समय थोड़ी देर...।"

"मैं कहती हूँ, मैं अकेली उस कमरे में नहीं सो सकती। मेरे जैसी छोटी-सी बच्ची क्या कभी अकेली सो सकती है?"

"तुम छोटी बच्ची नहीं हो, निर्मला!"

"तो तुम्हें मैं बड़ी नज़र आती हूँ? एक छोटी-सी बच्ची को बड़ी कहते तुम्हारे दिल को कुछ नहीं होता? इसलिए कि तुम मुझे अपने पास सुलाना नहीं चाहते? मगर मैं यहाँ से नहीं जाऊँगी। तुम्हें मुझे अपने साथ सुलाना पड़ेगा। मैं विधवा हूँ जो अकेली सोऊँगी? मैं सुहागिन स्त्री हूँ। कोई सुहागिन क्या कभी अकेली सोती है? मैं भाँवरें लेकर तुम्हारे घर में आई हूँ, ऐसे ही उठाकर नहीं लाई गई। देखती हूँ तुम कैसे मुझे उस कमरे में भेजते हो?" और वह उसके पास लेटकर उससे लिपट जाती।

कुछ देर में जब उसके स्नायु शान्त हो चुकते तो लगातार उसे चूमती हुई कहती, "मेरा सुहाग! मेरा चाँद! मेरा राजा! मैं तुम्हें कभी अपने से अलग रख सकती हूँ? तुम मेरे साथ एक सौ छत्तीस साल की उम्र तक जिओगे। मुझे यह वर मिला है कि मैं एक सौ छत्तीस साल की उम्र तक सुहागिन रहूँगी। जिसकी भी मुझसे शादी होती, वह एक सौ छत्तीस साल की उम्र तक जीता। तुम देख लेना मेरी बात सच निकलती है या नहीं। मैं सती स्त्री हूँ और सती स्त्री के मुँह से निकली बात कभी झूठ नहीं होती...।"

"तुम सुबह मेरे साथ अस्पताल चलोगी?"

"क्यों, मुझे क्या हुआ है जो मैं अस्पताल जाऊँगी? मुझे तो आज तक कभी सिरदर्द भी नहीं हुआ। मैं अस्पताल क्यों जाऊँगी?"

एक दिन प्रकाश उसके लिए कई किताबें ख़रीद लाया। उसने सोचा था कि शायद पढ़ने से निर्मला के मन को एक दिशा मिल जाए और वह धीरे-धीरे अपने मन के अँधेरे से बाहर निकलने लगे। मगर निर्मला ने उन किताबों को देखा, तो मुँह बिचकाकर एक तरफ़ हटा दिया।

"ये किताबें मैं तुम्हारे पढ़ने के लिए लाया हूँ," उसने कहा।

"मेरे पढ़ने के लिए?" निर्मला हैरानी के साथ बोली, "मैं इन किताबों को पढ़कर क्या करूँगी? मैंने तो मार्क्सवाद, मनोविज्ञान और सभी कुछ चौदह साल की उम्र में ही पढ़ लिया था। अब इतनी बड़ी होकर मैं ये किताबें पढ़ने लगूँगी?"

और उसके पास से उठकर अँगूठा चूसती हुई वह दूसरे कमरे में चली गई।

"पापा!"

कुहरे के बादलों में भटका मन सहसा बालकनी पर लौट आया। खिलनमर्ग की सड़क पर बहुत-से लोग घोड़े दौड़ाते जा रहे थे—एक धुँधले चित्र की बुझी-बुझी आकृतियाँ जैसे कुछ वैसे ही बुझी-बुझी आकृतियाँ क्लब से बाज़ार की तरफ़ आ रही थीं। बाईं तरफ़ बर्फ़ से ढकी पहाड़ी की एक चोटी कुहरे से बाहर निकल आई थी, और जाने किधर से आती धूप की एक किरण ने जिसे जगमगा दिया था। कुहरे में भटके कुछ पक्षी उड़ते हुए उस चोटी के सामने आ गए, तो सहसा उनके पंख सुनहरे हो उठे—मगर अगले ही क्षण वे फिर धुँधलके में खो गए।

प्रकाश कुर्सी से उठ खड़ा हुआ और झाँककर नीचे सड़क की तरफ़ देखने लगा। क्या वह आवाज़ पलाश की नहीं थी? मगर सड़क पर दूर तक वैसी कोई आकृति दिखाई नहीं दे रही थी। आँखों से टूरिस्ट होटल के गेट तक जाकर वह लौट आया और गले पर हाथ रखकर जैसे निराशा की चुभन को रोके हुए फिर कुर्सी पर बैठ गया। दस के बाद ग्यारह, बारह और फिर एक बज गया था और बच्चा नहीं आया था। क्या बच्चे के पहले जन्मदिन की घटना आज फिर दोहराई जानी थी?

"पापा!"

प्रकाश ने चौंककर सिर उठाया। वही कुहरा और वही धुँधली सुनसान सड़क। दूर घोड़ों की टापें और धीमी चाल से उस तरफ़ को आता एक कश्मीरी मज़दूर! क्या वह आवाज़ उसे अपने कानों के अन्दर से सुनाई दे रही थी?

तभी कानों के अन्दर दो नन्हे पैरों की आवाज़ भी गूँज गई और उसके बहुत पास बच्चे का स्वर किलक उठा, "पापा!" साथ ही दो नन्ही बाँहें उसके गले से लिपट गईं और बच्चे के झँडूले बाल उसके होंठों से छू गए।

प्रकाश ने बच्चे के शरीर को सिर से पैर तक छू लिया। फिर उसके माथे और आँखों को हल्के से चूम लिया।

"तो मैं जाऊँ, पलाश?" एक भूली हुई मगर परिचित आवाज़ ने प्रकाश को फिर चौंका दिया। उसने घूमकर पीछे देखा। कमरे के दरवाज़े के बाहर बीना दाईं तरफ़ न जाने किस चीज़ पर आँखें गड़ाए खड़ी थी।

"आप?...अन्दर आ जाइए आप...।" कहता हुआ वह बच्चे को बाँहों में लिये अस्त-व्यस्त-सा कुर्सी से उठ खड़ा हुआ।

"नहीं, मैं जा रही हूँ," बीना ने फिर भी उसकी तरफ़ नहीं देखा। "मुझे इतना बता दीजिए कि बच्चा कब तक लौटकर आएगा।"

"आप...जब कहें, तभी भेज दूँगा।" प्रकाश बालकनी की दहलीज़ लाँघकर कमरे में आ गया।

"चार बजे इसे दूध पीना होता है।"

"तो चार बजे तक मैं इसे वहाँ पहुँचा दूँगा।"

"इसने हल्का-सा स्वेटर ही पहन रखा है। दूसरे पुलोवर की ज़रूरत तो नहीं पड़ेगी?"

"आप दे दीजिए। ज़रूरत पड़ेगी, तो मैं इसे पहना दूँगा।"

बीना ने दहलीज़ के उस तरफ़ से पुलोवर उसकी तरफ़ बढ़ा दिया। उसने पुलोवर लेकर उसे शाल की तरह बच्चे को ओढ़ा दिया। "आप...," उसने बीना से फिर कहना चाहा कि अन्दर आ जाए, मगर उससे कहा नहीं गया। बीना चुपचाप ज़ीने की तरफ़ चल दी। प्रकाश कमरे से निकल आया। ज़ीने से बीना ने कहा, "देखिए, इसे आइसक्रीम वग़ैरह मत खिलाइएगा। इसका गला बहुत जल्द ख़राब हो जाता है।"

"अच्छा!"

बीना पल-भर रुकी रही। शायद उसे और भी कुछ कहना था। मगर फिर बिना कुछ कहे नीचे उतर गई। बच्चा प्रकाश की बाँहों में उछलता हुआ हाथ हिलाता रहा, "ममी, टा टा! टा टा!" प्रकाश उसे लिये बालकनी पर लौट आया तो वह उसके गले में बाँहें डालकर बोला, "पापा, मैं आइछक्लीम जलूल थाऊँदा।"

"हाँ-हाँ बेटे!" प्रकाश उसकी पीठ पर हाथ फेरने लगा, "जो तेरे मन में आए सो खाना।"

और कुछ देर बाद वह अपने को, बालकनी को, और यहाँ तक कि बच्चे को भी भूला हुआ सामने कुहरे में देखता रहा।

कुहरे का पर्दा धीरे-धीरे उठने लगा, तो मीलों तक फैले हरियाली के रंगमंच की धुँधली रेखाएँ स्पष्ट हो उठीं।

वे दोनों गॉल्फ-ग्राउंड पार करके क्लब की तरफ़ जा रहे थे। चलते हुए बच्चे ने पूछा, "पापा, आदमी के दो टाँगें क्यों होती हैं? चार क्यों नहीं होतीं?"

प्रकाश ने चौंककर उसकी तरफ़ देखा और कहा, "अरे!"

"क्यों पापा," बच्चा बोला, "तुमने अरे क्यों कहा है?"

"तू इतना साफ़ बोल सकता है, तो अब तक तुतलाकर क्यों बोल रहा था?" प्रकाश ने उसे बाँहों में उठाकर एक अभियुक्त की तरह सामने कर लिया। बच्चा खिलखिलाकर हँसा। प्रकाश को लगा कि यह वैसी ही हँसी है जैसी कभी वह स्वयं हँसा करता था। बच्चे के चेहरे की रेखाओं से भी उसे अपने बचपन के चेहरे की याद हो आई। उसे लगा जैसे एकाएक उसका तीस साल पहले का चेहरा उसके सामने आ गया हो और वह ख़ुद उस चेहरे के सामने एक अभियुक्त की तरह खड़ा हो।

"ममी तो ऐछे ही अच्छा लदता है," बच्चे ने कहा।

"क्यों?"

"मेले तो नहीं पता। तुम ममी छे पूछ लेना।"

"तेरी ममी तुझे ज़ोर से हँसने से भी मना करती है?" प्रकाश को वे दिन याद आए जब उसके खिलखिलाकर हँसने पर बीना कानों पर हाथ रख लिया करती थी।

बच्चे की बाँहें उसकी गरदन के पास कस गईं। "हाँ," वह बोला, "ममी तहती है अच्छे बच्चे जोल छे नहीं हँछते।"

प्रकाश ने उसे बाँहों से उतार दिया। बच्चा उसकी उँगली पकड़े घास पर चलने लगा। "त्यों पापा," उसने पूछा, "अच्छे बच्चे जोल छे त्यों नहीं हँछते?"

"हँसते हैं बेटा!" प्रकाश ने उसके सिर को सहलाते हुए कहा, "सब अच्छे बच्चे ज़ोर से हँसते हैं।"

"तो ममी मेले तो त्यों लोतती है?"

"अब वह तुझे नहीं रोकेगी। और तू तुतलाकर नहीं, ठीक से बोला कर। तेरी ममी तुझे इसके लिए भी मना नहीं करेगी। मैं उससे कह दूँगा।"

"तो तुमने पहले ममी छे, त्यों नहीं तहा?"

"ऐसे नहीं, कह कि तुमने पहले ममी से क्यों नहीं कहा।"

बच्चा फिर हँस दिया, "तो तुमने पहले ममी से क्यों नहीं कहा?"

"पहले मुझे याद नहीं रहा। अब याद से कह दूँगा।"

कुछ देर दोनों चुपचाप चलते रहे। फिर बच्चे ने पूछा, "पापा, तुम मेरे जनमदिन की पार्टी में क्यों नहीं आए? ममी कहती थी तुम विलायत गए हुए थे।"

"हाँ, मैं विलायत गया हुआ था।"

"तो पापा, अब तुम विलायत नहीं जाना।"

"क्यों?"

"मेरे को अच्छा नहीं लगता। विलायत जाकर तुम्हारी शक्ल और ही तरह की हो गई है।"

प्रकाश एक रूखी-सी हँसी हँसा। "कैसी हो गई है शक्ल?"

"पता नहीं कैसी हो गई है? पहले दूसरी तरह की थी, अब दूसरी तरह की है।"

"दूसरी तरह की कैसे?"

"पता नहीं। पहले तुम्हारे बाल काले-काले थे। अब सफ़ेद-सफ़ेद हो गए हैं।"

"तू इतने दिन मेरे पास नहीं आया, इसीलिए मेरे बाल सफ़ेद हो गए हैं।" बच्चा इतने ज़ोर से हँसा कि उसके क़दम लड़खड़ा गए। "पापा, तुम तो विलायत गए हुए थे," उसने कहा, "मैं तुम्हारे पास कैसे आता? मैं क्या अकेला विलायत जा सकता हूँ?"

"क्यों नहीं जा सकता? तू इतना बड़ा तो है।"

"मैं सचमुच बड़ा हूँ न पापा?" बच्चा ताली बजाता हुआ बोला, "तुम यह बात भी ममी से कह देना। वह कहती है मैं अभी बहुत छोटा हूँ। मैं छोटा नहीं हूँ न पापा!"

"नहीं, तू छोटा कहाँ है?" प्रकाश मैदान में दौड़ने लगा। "अच्छा, भागकर मुझे पकड़।"

बच्चा अपनी छोटी-छोटी टाँगें पटकता हुआ दौड़ने लगा। प्रकाश को फिर अपने बचपन की याद आई। उसे दौड़ते देखकर तब एक बार किसी ने कहा था, "अरे यह बच्चा कैसे टाँगें पटक-पटककर दौड़ता है! इसे ठीक से चलना नहीं आता क्या?"

बच्चे की उँगली पकड़े प्रकाश क्लब के बार-रूम में दाख़िल हुआ, तो बारमैन अब्दुल्ला उसे देखकर दूर से मुस्कराया। "साहब के लिए दो बोतल बियर," उसने पास खड़े बैरे से कहा। "साहब आज अपने साथ एक मेहमान को लाया है।"

"बच्चे के लिए एक गिलास पानी दे दो," प्रकाश ने काउंटर के पास रुककर कहा, "इसे प्यास लगी है।"

"ख़ाली पानी?" अब्दुल्ला बच्चे के गालों को प्यार से सहलाने लगा। "और सब दोस्तों को तो साहब बियर पिलाता है और इस बेचारे को ख़ाली पानी?" और पानी की बोतल खोलकर वह गिलास में पानी डालने लगा। जब वह गिलास बच्चे के मुँह के पास ले गया, तो बच्चे ने अपने हाथ में ले लिया, "मैं अपने आप पिऊँगा," उसने कहा, "मैं छोटा थोड़े ही हूँ? मैं तो बड़ा हूँ।"

"तू बड़ा है?" अब्दुल्ला हँसा, "तब तो तुझे पानी देकर मैंने ग़लती की है। बड़े लोगों को तो मैं बियर ही पिलाता हूँ।"

"बियर क्या होता है?" बच्चे ने मुँह से गिलास हटाकर पूछा।

"बियर होता नहीं, होती है।" अब्दुल्ला ने झुककर उसे चूम लिया, "तुझे पिलाऊँ क्या?"

"नहीं," कहकर बच्चे ने अपनी बाँहें प्रकाश की तरफ़ फैला दीं। प्रकाश उसे लेकर ड्योढ़ी की तरफ़ चला, तो अब्दुल्ला भी उन दोनों के साथ-साथ बाहर चला आया, "किसका बच्चा है, साहब?" उसने पूछा।

"मेरा लड़का है," कहकर प्रकाश बच्चे को सीढ़ी से नीचे उतारने लगा।

अब्दुल्ला हँस दिया, "साहब बहुत ख़ुशदिल आदमी है," उसने कहा।

"क्यों?"

अब्दुल्ला हँसता हुआ सिर हिलाने लगा, "आपका भी जवाब नहीं है।"

प्रकाश कुछ कहने को हुआ, मगर अपने को रोककर बच्चे को लिये हुए आगे चल दिया। अब्दुल्ला ड्योढ़ी में रुककर पीछे से सिर हिलाता रहा। बैरा शेर मोहम्मद अन्दर से निकलकर आया, तो वह और भी खुलकर हँस दिया।

"क्या बात है? अकेला खड़ा कैसे हँस रहा है?" शेर मोहम्मद ने पूछा।

"साहब का भी जवाब नहीं है," अब्दुल्ला किसी तरह हँसी पर काबू पाकर बोला।

"किस साहब का जवाब नहीं है?"

"उस साहब का," अब्दुल्ला ने प्रकाश की तरफ़ इशारा किया, "उस दिन बोलता था कि इसने इसी साल शादी की है और आज बोलता है कि यह पाँच साल का बाबा इसका लड़का है। जब आया था, तो अकेला था। और आज इसके लड़का भी हो गया!" प्रकाश ने एक बार घूमकर तीखी नज़र से उसकी तरफ़ देख लिया। अब्दुल्ला एक बार फिर खिलखिला उठा। "ऐसा ख़ुशदिल आदमी मैंने आज तक नहीं देखा।"

"पापा, घास हरी क्यों होती है? लाल क्यों नहीं होती?" क्लब से निकलकर प्रकाश ने बच्चे को एक घोड़ा किराए पर ले दिया था। लिनेनमार्ग को जानेवाली पगडंडी पर वह ख़ुद उसके साथ-साथ पैदल चल रहा था। घास के रेशमी फैलाव पर कुहरे का आकाश इस तरह झुका था जैसे अन्दर की उमड़ती वासना उसे अपने को उस पर दबा देने के लिए विवश कर रही हो। बच्चा उत्सुक आँखों से आसपास की पहाड़ियों और सामने से बहकर जाती पानी की पतली धार को देख रहा था। कभी कुछ क्षण वह अपने को भूला रहता, फिर अपने अन्दर के किसी भाव से प्रेरित होकर काठी पर उछलने लगता।

"हर चीज़ का अपना रंग होता है," प्रकाश ने बच्चे की जाँघ को हाथ से दबाए हुए कहा और कुछ देर ख़ुद भी हरियाली के फैलाव में खोया रहा।

"हर चीज़ का अपना रंग क्यों होता है?"

"क्योंकि क़ुदरत ने हर चीज़ का अपना रंग बना दिया है।"

"क़ुदरत क्या होती है?"

प्रकाश ने झुककर उसकी जाँघ को चूम लिया। "क़ुदरत यह होती है," उसने कहा। जाँघ पर गुदगुदी होने से बच्चा भी हँसने लगा।

"तुम झूठ बोलते हो," उसने कहा।

"क्यों?"

"तुमको इसका पता ही नहीं है।"

"अच्छा, तो तू बता, घास का रंग हरा क्यों होता है?"

"घास मिट्टी के अन्दर से पैदा होती है, इसलिए इसका रंग हरा होता है।"

"अच्छा? तुझे इसका कैसे पता चल गया?"

बच्चा उछलता हुआ लगाम झटकने लगा। "मेरे को ममी ने बताया था।"

प्रकाश के होंठों पर एक विकृति-सी मुस्कराहट आ गई। उसे लगा जैसे आज भी उसके और बीना के बीच एक द्वन्द्व चल रहा हो और बीना उस द्वन्द्व में उस पर भारी पड़ने की चेष्टा कर रही हो। "तेरी ममी ने तुझे और क्या-क्या बता रखा है?" वह बोला, "यह भी बता रखा है कि आदमी के दो टाँगें क्यों होती हैं और चार क्यों नहीं?"

"हाँ। ममी कहती थी कि आदमी के दो टाँगें इसलिए होती हैं कि वह आधा ज़मीन पर चलता है, आधा आसमान में।"

"अच्छा?" प्रकाश के होंठों पर हँसी और मन में उदासी की एक रेखा फैल गई। "मुझे इसका पता नहीं था।"

"तुमको तो किसी बात का भी पता नहीं है, पापा!" बच्चा बोला, "इतने बड़े होकर भी पता नहीं है!"

घास, बर्फ़ और आकाश के रंग दिन में कई-कई बार बदल जाते थे। बदलते रंगों के साथ मन भी और से और होने लगता था। सुबह उठते ही प्रकाश बच्चे के आने की प्रतीक्षा करने लगता। बार-बार वह बालकनी पर जाता और टूरिस्ट होटल की तरफ़ देखता हुआ देर-देर तक वहाँ खड़ा

रहता। नाश्ता या खाना खाने जाने के लिए भी वह वहाँ से नहीं हटना चाहता था। उसे डर था कि बच्चा इस बीच वहाँ आकर लौट न जाए। तीन दिन में उसे साथ लिये वह कितनी ही बार घूमने के लिए गया था, उसके घोड़े के पीछे-पीछे दौड़ा था और उसके साथ घास पर लोटता रहा था। बच्चा जान-बूझकर रास्ते के कीचड़ में अपने पाँव लथपथ कर लेता और होंठ बिसोरकर कहता, "पापा, पाँव धो दो।" वह उसे उठाए इधर-उधर पानी ढूँढ़ता फिरता। बच्चे को वह जिस किसी कोण से देखता, उसी कोण से उसकी तस्वीर ले लेना चाहता। जब बच्चा थक जाता और लौटकर अपनी ममी के पास जाने का हठ करने लगता, तो वह उसे तरह-तरह के लालच देकर अपने पास रोक रखना चाहता। एक बार उसने बच्चे को अपनी माँ के साथ दूर से आते देखा और उतरकर नीचे चला गया। जब वह पास पहुँचा, तो बच्चा दौड़कर उसकी तरफ़ आने की जगह माँ के साथ फ़ोटोग्राफ़र की दुकान के अन्दर चला गया। वह कुछ देर सड़क पर रुका रहा, फिर यह सोचकर ऊपर चला आया कि फ़ोटोग्राफ़र की दुकान से निकलकर बच्चा अपने-आप ऊपर आ जाएगा। मगर बालकनी पर खड़े-खड़े उसने देखा कि बच्चा दुकान से निकलकर उस तरफ़ आने की बजाय हठ के साथ अपनी माँ का हाथ खींचता हुआ उसे वापस टूरिस्ट होटल की तरफ़ ले जा रहा है। उसका मन हुआ कि फिर नीचे जाकर बच्चे को अपने साथ ले आए, मगर कोई चीज़ उसके पैरों को रोके रही और वह वहीं खड़ा उसे देखता रहा। शाम तक न जाने कितनी बार वह बालकनी पर आया और कितनी-कितनी देर वहाँ खड़ा रहा। आख़िर उससे नहीं रहा गया, तो उसने नीचे जाकर कुछ चेरी ख़रीदी और बच्चे को देने के बहाने टूरिस्ट होटल की तरफ़ चल दिया। अभी वह टूरिस्ट होटल से कुछ फ़ासले पर था कि बच्चा अपनी माँ के साथ बाहर आता दिखाई दिया। मगर उस पर नज़र पड़ते ही वह वापस होटल की गैलरी में भाग गया।

प्रकाश जहाँ था, वहीं खड़ा रहा। पल-भर के लिए उसकी आँखें बीना से मिलीं। उसे लगा कि बीना का चेहरा पहले से कुछ साँवला हो गया है और उसकी आँखों के नीचे स्याह दायरे उभर आए हैं। वह पहले

से काफ़ी दुबली भी लग रही थी। कुछ पल रुके रहने के बाद प्रकाश आगे बढ़ गया और चेरीवाला लिफ़ाफ़ा बीना की तरफ़ बढ़ाकर खुश्क गले से बोला, "यह मैं बच्चे के लिए लाया था।"

बीना ने लिफ़ाफ़ा ले लिया, मगर लेते हुए उसकी आँखें दूसरी तरफ़ मुड़ गईं। "पलाश!" उसने कुछ अस्थिर आवाज़ में बच्चे को पुकारा, "यह ले, पापा तेरे लिए चेरी लाए हैं।"

"मैं नहीं लेता," बच्चे ने गैलरी से कहा और भागकर और भी दूर चला गया।

बीना ने एक असहाय नज़र बच्चे पर डाली और प्रकाश की तरफ़ देखकर बोली, "कहता है, मैं पापा से नहीं बोलूँगा। वे सुबह रुके क्यों नहीं, चले क्यों गए?"

प्रकाश बीना को उत्तर न देकर गैलरी में चला गया और कुछ दूर बच्चे का पीछा करके उसने उसे बाँहों में उठा लिया। "मैं तुमसे नहीं बोलूँगा, कभी नहीं बोलूँगा," बच्चा अपने को छुड़ाने की चेष्टा करता कहता रहा।

"ऐसी क्या बात है?" प्रकाश उसे पुचकारने की चेष्टा करने लगा, "पापा से इस तरह नाराज़ होते हैं क्या?"

"तुमने मेरी तस्वीरें क्यों नहीं देखीं?"

"कहाँ थीं तेरी तस्वीरें? मुझे तो पता ही नहीं था।"

"पता क्यों नहीं था? तुम दुकान के बाहर से ही क्यों चले गए थे?"

"अच्छा ला, पहले तेरी तस्वीरें देखें, फिर घूमने चलेंगे।"

"यह सुबह आपको दिखाने के लिए ही तस्वीरें लेने गया था," बीना के साथ खड़ी एक युवा स्त्री ने कहा। प्रकाश ने ध्यान नहीं दिया था कि उसके साथ कोई और भी है।

"तस्वीरें मेरे पास थोड़े ही न हैं? उसी के पास हैं।"

"सुबह फ़ोटोग्राफ़र ने निगेटिव दिखाए थे, पाज़िटिव वह अब इस वक़्त देगा," उसी स्त्री ने फिर कहा।

"तो चल, पहले दुकान पर चलकर तेरी तस्वीरें ले लें। देखें तो सही कैसी तस्वीरें हैं!"

"मैं ममी को साथ लेकर जाऊँगा," बच्चे ने उसकी बाँहों में मचलते हुए कहा।

"हाँ, हाँ, तेरी ममी भी साथ आ रही है," कहते हुए प्रकाश ने एक बार बीना की तरफ़ देख लिया। बीना होंठ दाँतों में दबाए आँखें झपक रही थी। वह चुपचाप उसके साथ चल दी।

फ़ोटोग्राफ़र की दुकान में दाख़िल होते ही बच्चा प्रकाश की बाँहों से उतर गया और फ़ोटोग्राफ़र से बोला, "मेरे पापा को मेरी तस्वीरें दिखाओ।" फ़ोटोग्राफ़र ने तस्वीरें निकालकर मेज़ पर फैला दीं, तो बच्चा एक-एक तस्वीर उठाकर प्रकाश को दिखाने लगा, "देखो पापा, यह वहीं की तस्वीर है न जहाँ से तुमने कहा था, सारा काश्मीर नज़र आता है? और यह तस्वीर भी देखो जो तुमने मेरी घोड़े पर बैठे हुए उतारी थी...।"

"दो दिन से बिलकुल साफ़ बोल रहा है," बीना के साथ की युवा स्त्री ने कहा, "कहता है, पापा ने कहा है तू बड़ा हो गया है, इसलिए अब तुतलाकर मत बोला कर।"

प्रकाश कुछ न कहकर तस्वीरें देखता रहा। फिर दस का एक नोट निकालकर फ़ोटोग्राफ़र को देते हुए कहा, "इसमें से आप अपने पैसे काट लीजिए!"

फ़ोटोग्राफ़र पल-भर असमंजस में उसे देखता रहा। फिर बोला, "पैसे तो अभी आप ही के मेरी तरफ़ निकलते हैं। मेम साहब ने जो बीस रुपये दिये थे, उनमें से दो-एक रुपये अभी बचते होंगे। कहें तो अभी हिसाब कर दूँ।"

"नहीं, रहने दीजिए, हिसाब बाद में हो जाएगा," कहकर प्रकाश ने नोट वापस जेब में रख लिया और बच्चे की उँगली पकड़े दुकान से बाहर निकल आया। कुछ क़दम चलने पर पीछे से बीना का स्वर सुनाई दिया, "यह आपके साथ घूमने जा रहा है?"

"हाँ!" प्रकाश ने थोड़ा चौंककर पीछे देख लिया। "मैं अभी थोड़ी देर में इसे वापस छोड़ जाऊँगा।"

"देखिए, आपसे एक बात कहनी थी..."

"कहिए...।"

बीना पल-भर कुछ सोचती हुई चुप रही। फिर बोली, "इसे ऐसी कोई बात मत बताइएगा जिससे यह...।"

प्रकाश को लगा जैसे कोई ठंडी चीज़ उसके स्नायुओं से छूट गई हो। उसकी आँखें झुक गईं और उसने धीरे से कहा, "नहीं, मैं ऐसी कोई बात इससे नहीं कहूँगा।" उसे खेद हुआ कि एक दिन पहले जब बच्चा हठ करके कह रहा था कि 'पापा' और 'पिताजी' एक ही व्यक्ति को नहीं कहते—'पापा' को पापा कहते हैं और 'पिताजी' ममी के पापा को—तो वह क्यों उसकी ग़लतफ़हमी दूर करने की कोशिश करता रहा था।

वह अकेला बच्चों के साथ क्लब की सड़क पर चलने लगा, तो कुछ दूर जाकर बच्चा सहसा रुक गया। "हम कहाँ जा रहे हैं, पापा?" उसने पूछा।

"पहले क्लब चल रहे हैं," उसने कहा, "वहाँ से घोड़ा लेकर आगे घूमने जाएँगे।"

"नहीं, मैं वहाँ उस आदमी के पास नहीं जाऊँगा," कहकर बच्चा सहसा पीछे की तरफ़ चल दिया।

"किस आदमी के पास?"

"वह जो वहाँ क्लब में था। मैं उसके हाथ से पानी भी नहीं पिऊँगा।"

"क्यों?"

"मुझे वह आदमी अच्छा नहीं लगता।"

प्रकाश पल-भर बच्चे को देखता रहा, फिर उसकी तरफ़ मुड़ आया। "हाँ, हम उस आदमी के पास नहीं चलेंगे," उसने कहा, "मुझे भी वह आदमी अच्छा नहीं लगता।"

बहुत दिनों के बाद उस रात प्रकाश को गहरी नींद आई। ऐसी नींद, जिसमें सपने दिखाई न दें, उसके लिए लगभग भूली हुई चीज़ हो चुकी थी। फिर भी जागने पर उसे अपने में ताज़गी का अनुभव नहीं हुआ, अनुभव हुआ एक ख़ालीपन का। जैसे कोई चीज़ उसके अन्दर उफनती रही हो, जो गहरी नींद सो लेने से चुक गई हो। रोज़ की तरह उठकर वह बालकनी पर गया। देखा आकाश साफ़ है। रात को सोया था, तो बारिश हो रही थी। मगर उस धुले-निखरे आकाश को देखकर आभास तक नहीं

होता था कि कभी वहाँ बादल भी घिरे रहते थे। सामने की पहाड़ियाँ सुबह की धूप में धुलकर उजली हो उठी थीं।

प्रकाश काफ़ी देर वहाँ खड़ा रहा—अपनी ताज़गी में एक जड़ता का अनुभव करता हुआ। फिर दूर उठते बादल की तरह कोई चीज़ उसे अपने में उमड़ती महसूस होने लगी और उसका मन एक दबी-सी आशंका से सिहर उठा। कहीं ऐसा तो नहीं कि...?

वह बालकनी से हट आया। पिछली शाम बच्चे ने उसे बताया था—उसकी ममी कह रही थी कि दिन साफ़ हुआ, तो वे लोग सुबह वहाँ से चले जाएँगे। रात को जैसी बारिश हो रही थी, उससे सुबह तक आसमान खुलने की कोई सम्भावना नहीं लगती थी। इसलिए सोते वक़्त वह इस तरफ़ से लगभग निश्चिन्त था। मगर रात-रात में आसमान का रूप बिलकुल बदल गया था। तो क्या सचमुच आज वे लोग वहाँ से चले जाएँगे?

उसने कमरे में बिखरे सामान को देखा...कुछ इनी-गिनी चीज़ें थीं। चाहा कि उन्हें सहेज दे, मगर किसी भी चीज़ को रखने-उठाने को मन नहीं हुआ। बिस्तर को देखा। उसमें रोज़ से बहुत कम सलवटें थीं। लगा जैसे रात की गहरी नींद के लिए वह बिस्तर ही दोषी हो, और गहरी नींद बरसते आकाश के साफ़ हो जाने के लिए!

धीरे-धीरे सुबह दोपहर की तरफ़ बढ़ने लगी। इससे उसके मन को कुछ सहारा मिला। वह चाह रहा था कि इसी तरह शाम हो जाए और फिर रात—और बच्चा उससे विदा लेने न आए। मगर जब दोपहर भी ढलने लगी और बच्चा नहीं आया, तो उसके मन में एक और आशंका सिर उठाने लगी। कहीं ऐसा तो नहीं कि उसकी ममी सुबह-सुबह ही उसे लेकर वहाँ से चली गई हो?

वह बार-बार बालकनी पर जाता—एक धड़कती आशा लिये। बार-बार टूरिस्ट होटल की सड़क पर नज़र दौड़ाता और पहले से अधिक अस्थिर होकर कमरे में लौट आता। उसकी धमनियों में लहू की हर बूँद उत्कंठित और व्याकुल थी। उसने सुबह से कुछ खाया नहीं था, इसलिए भूख भी उसे परेशान कर रही थी। कुछ देर बाद कमरा बन्द करके वह खाना खाने चला गया। बड़े-बड़े कौर निगलकर किसी तरह दो रोटियाँ

गले से उतारीं और जल्दी से वापस चला आया। मगर उतनी देर भी कमरे से बाहर रहना उसे एक अपराध-सा लग रहा था। लौटते हुए उसने सोचा कि उसे ख़ुद जाकर टूरिस्ट होटल से पता कर लेना चाहिए। मगर सड़क की चढ़ाई चढ़ते हुए उसने दूर से देखा—बीना बच्चे के साथ उसकी बालकनी के नीचे सड़क पर खड़ी थी।

वह तेज़-तेज़ चलकर उनके पास पहुँच गया। मगर बच्चे ने उसकी तरफ़ नहीं देखा। वह अपनी माँ का हाथ खींचता हुआ किसी चीज़ के लिए हठ कर रहा था। प्रकाश ने उसकी बाँह हाथ में ली, तो वह बाँह छुड़ाने के लिए ज़मीन पर लोटने लगा। "मैं तुम्हारे घर नहीं जाऊँगा," उसने लगभग चीख़कर कहा। प्रकाश अचकचा गया और उसकी बाँह छोड़कर जड़-सा खड़ा रहा।

"मुझसे नाराज़ है क्या?" उसने बिना दोनों में से किसी की तरफ़ देखे पूछ लिया।

"ममी, मेरे साथ ऊपर क्यों नहीं चलती?" बच्चा उसी तरह चिल्लाया।

प्रकाश और बीना की आँखें मिलने को हुईं, मगर पूरी तरह नहीं मिल पाईं। प्रकाश ने बच्चे की बाँह फिर हाथ में ली और तटस्थ स्वर में बीना से कहा, "आप भी आ जाइए न!"

"इसे आज जाने क्या हुआ!" बीना कुछ झुँझलाहट के साथ बोली। "सुबह से बात-बात पर तंग कर रहा है!"

"इस वक़्त यह अकेला मेरे साथ ऊपर नहीं जाएगा," प्रकाश ने स्वर की तटस्थता अब भी बनाए रखी।

"चल, मैं तुझे ज़ीने तक पहुँचा देती हूँ," बीना उसे उत्तर न देकर बच्चे से बोली, "ऊपर से जल्दी लौट आना। घोड़ेवाले उधर तैयार खड़े हैं।"

प्रकाश के मन में एक नश्तर-सा चुभता महसूस हुआ। मगर जल्दी ही उसने अपने को सँभाल लिया। "आप लोग आज ही जा रहे हैं?" उसने चेष्टा की कि शब्दों से उसके मन का भाव प्रकट न हो।

"जी हाँ," बीना दूसरी तरफ़ देखती रही। "जाना तो सुबह ही था, मगर इसके हठ की वजह से इतनी देर हो गई। अब भी यह...।" और बात बीच में ही छोड़कर उसने बच्चे से फिर कहा, "चल, तुझे ज़ीने तक पहुँचा दूँ।"

बच्चा प्रकाश के हाथ से बाँह छुड़ाकर कुछ दूर भाग गया। "मैं नहीं जाऊँगा," उसने कहा।

"अच्छा आ," बीना बोली, "मैं तुझे ऊपर पहुँचा देती हूँ—उस दिन की तरह।"

"मैं नहीं जाऊँगा," और बच्चा कुछ क़दम और दूर चला गया।

"आप आ क्यों नहीं जातीं? यह इस तरह अपना हठ नहीं छोड़ेगा," प्रकाश ने होंठ काटते हुए कहा। बीना ने आँख झपकने तक उसकी तरफ़ देख लिया। उस दृष्टि में एक तीख़ा चुभता-सा भाव था। मगर आँख झपकने के साथ ही वह भाव घुल गया और उसने अपने को सहेज लिया। उसके चेहरे पर एक दृढ़ता आ गई और उसने बच्चे को बाँहों में उठा लिया। "चल, मैं तेरे साथ चलती हूँ," उसने कहा।

बच्चे का रुआँसा भाव हँसी में बदल गया और उसने माँ के गले में बाँहें डाल दीं। प्रकाश उनसे आगे-आगे ज़ीना चढ़ने लगा।

ऊपर पहुँचकर बीना ने बच्चे को बाँहों से उतार दिया और कहा, "ले, अब मैं जा रही हूँ।"

"नहीं," बच्चे ने उसका हाथ पकड़ लिया, "तुम यहीं रहो।"

"बैठ जाइए न," प्रकाश ने कुर्सी पर पड़ी दो-एक चीज़ें जल्दी से हटा दीं और कुर्सी बीना की तरफ़ बढ़ा दी। बीना कुर्सी पर न बैठकर चारपाई के कोने पर बैठ गई। तभी बच्चे का ध्यान न जाने किस चीज़ ने खींच लिया। वह उन दोनों को छोड़कर बालकनी में चला गया और वहाँ से उचककर सड़क की तरफ़ देखने लगा।

प्रकाश कुर्सी की पीठ पर हाथ रखे जैसे खड़ा था, वैसे ही खड़ा रहा। बीना चारपाई के कोने में और भी सिमटकर दीवार की तरफ़ देखने लगी। असावधानी के एक क्षण में उनकी आँखें मिल गईं, तो बीना ने अपनी पूरी शक्ति संचित करके पूछ लिया, "कल इसकी जेब में कुछ रुपये मिले थे। वे आपने रखे थे?"

"हाँ," प्रकाश ने अटकते स्वर से कहा, "सोचा था, उनसे यह... कोई चीज़ बनवा लेगा।"

बीना पल-भर चुप रही। फिर बोली, "क्या चीज़ बनवानी होगी?"

"कोई भी चीज़। कोई अच्छा-सा ओवरकोट या...।"

कुछ देर फिर चुप्पी रही। फिर बीना ने पूछ लिया, "कैसा कोट बनवाना होगा?"

"कैसा भी। जैसा इसे अच्छा लगे, या...या जैसा आप ठीक समझें।"

"कोई ख़ास तरह का कपड़ा लेना हो, तो बता दीजिए।"

"ख़ास कपड़ा कोई नहीं...कैसा भी हो।"

"कोई ख़ास रंग...?"

"नहीं...हाँ...नीले रंग का हो, तो ज़्यादा अच्छा है।" कहकर प्रकाश को थोड़ा अफ़सोस हुआ। उसे पता था बीना को नीले रंग पसन्द नहीं हैं।

बच्चा उछलता हुआ बालकनी से लौट आया और बीना का हाथ पकड़कर बोला, "अब चलो।"

"पापा से प्यार तो किया नहीं और आते ही चल भी दिया?" प्रकाश ने उसे बाँहों में ले लिया। बच्चे ने उसके होंठों-से-होंठ मिलाकर एक बार अच्छी तरह उसे चूम लिया और फिर झट से उसकी बाँहों से निकलकर माँ से बोला, "अब चलो।"

बीना चारपाई से उठ खड़ी हुई। बच्चा उसका हाथ पकड़कर उसे बाहर की तरफ़ खींचने लगा। "तलो न ममी देल हो लही है," वह फिर तुतलाने लगा और बीना को साथ खींचता हुआ दहलीज़ पार कर गया।

"तू जाकर पापा को चिट्ठी लिखेगा न?" प्रकाश ने पीछे से आवाज़ दी।

"लिथूँदा।" मगर उसने पीछे मुड़कर नहीं देखा। पीछे मुड़कर देखा एक बार बीना ने, और जल्दी से आँखें हटा लीं। आँखों की कोरों में अटके आँसू उसने बहने नहीं दिये। "तूने पापा को टा-टा नहीं किया," उसने बच्चे के कन्धे पर हाथ रखे हुए कहा।

"टा-टा पापा!" बच्चे ने बिना पीछे की तरफ़ देखे हाथ हिलाया और ज़ीने से बीना उतरने लगी। आधे ज़ीने से फिर उसकी आवाज़ सुनाई दी, "पापा का धल अच्छा है ममी, हमाला धल अच्छा है। पापा ते धल में तो तुछ छामान ही नहीं है...!"

"तू अब चुप करेगा कि नहीं!" बीना ने उसे झिड़क दिया, "जो मुँह में आता है बोलता जाता है।"

"नहीं तुप तलूँदा, नहीं तलूँदा तुप...," बच्चे का स्वर फिर रुआँसा हो गया और वह तेज़-तेज़ नीचे उतरने लगा। "पापा ता धल दन्दा! पापा का धल थू...!"

रात होते-होते आकाश फिर घिर गया। प्रकाश क्लब के बाररूम में बैठा एक के बाद एक बियर की बोतलें ख़ाली करता रहा। बारमैन अब्दुल्ला लोगों के लिए रम और व्हिस्की के पेग ढालता हुआ बार-बार कनखियों से उसकी तरफ़ देख लेता। इतने दिनों में पहली बार वह प्रकाश को इस तरह पीते देख रहा था। "लगता है आज साहब ने कहीं से बड़ा माल मारा है," उसने एकाध बार शेर मोहम्मद से कहा, "आगे कभी एक बोतल से ज़्यादा नहीं पीता था, और आज चार-चार बोतलें पीकर भी बस करने का नाम नहीं ले रहा।"

शेर मोहम्मद ने सिर्फ़ मुँह बिचका दिया और अपने काम में लगा रहा।

प्रकाश की आँखें अब्दुल्ला से मिलीं, तो अब्दुल्ला मुस्करा दिया। प्रकाश कुछ क्षण इस तरह उसे देखता रहा जैसे वह आदमी न होकर एक धुँधला-सा साया हो, और सामने का गिलास परे सरकाकर उठ खड़ा हुआ। काउंटर के पास जाकर उसने दस-दस के दो नोट अब्दुल्ला के सामने रख दिये। अब्दुल्ला बाक़ी पैसे गिनता हुआ ख़ुशामदी स्वर में बोला, "आज साहब बहुत ख़ुश नज़र आता है।"

"हाँ।" प्रकाश इस तरह उसे देखता रहा जैसे उसके सामने से वह साया धुँधला होकर बादलों में गुम हुआ जा रहा हो। वह चलने को हुआ, तो अब्दुल्ला ने पहले सलाम किया, फिर आहिस्ता से पूछ लिया, "क्यों साहब, वह कौन बच्चा था उस दिन आपके साथ? किसका लड़का है वह?"

प्रकाश को लगा जैसे साया अब बिलकुल गुम हो गया हो और सामने सिर्फ़ बादल-ही-बादल घिरा रह गया हो। उसने जैसे बादल को चीरकर देखने की चेष्टा करते हुए कहा, "कौन लड़का?"

अब्दुल्ला पल-भर भौचक्का-सा हो रहा। फिर खिलखिलाकर हँस पड़ा। "तब तो मैंने शेर मोहम्मद से ठीक ही कहा था..." वह बोला।

"क्या?"

"कि साहब तबीयत का बादशाह है। जब चाहे किसी के लड़के को अपना लड़का बना ले, और जब चाहे...यहाँ गुलमर्ग में यह सब चलता है। आप-जैसा हमारा एक और साहब है...।"

प्रकाश को लगा कि बादल बीच से फट गया है और चीलों की कई पंक्तियाँ उस दर्रे में से होकर दूर उड़ी जा रही हैं—वह चाह रहा है कि दर्रा किसी तरह भर जाए जिससे वे पंक्तियाँ आँखों से ओझल हो जाएँ; मगर दर्रे का मुहाना धीरे-धीरे और बड़ा होता जा रहा है। उसके गले से एक अस्पष्ट-सी आवाज़ निकली और वह अब्दुल्ला की तरफ़ से आँखें हटाकर वहाँ से चल दिया।

"बस एक बाज़ी और...!" अपनी आवाज़ की गूँज प्रकाश को स्वयं अस्वाभाविक-सी लगी। उसके साथियों ने हल्का-सा विरोध किया, मगर पत्ते एक बार फिर बँटने लगे।

कार्ड-रूम तब तक लगभग ख़ाली हो चुका था। कुछ देर पहले तक वहाँ काफ़ी चहल-पहल थी—कई-कई नाज़ुक हाथों से पत्तों की नाज़ुक चालें चली जा रही थीं और तिपाइयों पर शीशे के नाज़ुक गिलास रखे-उठाए जा रहे थे। मगर अब आसपास चार-चार ख़ाली कुर्सियों से घिरी चौकोर मेज़ें ही रह गई थीं जो बहुत अकेली और उदास लग रही थीं। पॉलिश की चमक के बावजूद उनमें एक वीरानगी उभर आई थी। दीवार में बुख़ारी की आग कब की ठंडी पड़ चुकी थी। जाली के उस तरफ़ कुछ बुझे-अधबुझे अंगारे रह गए थे—सर्दी से ठिठुरकर स्याह पड़ते और राख में गुम होते हुए।

उसने पत्ते उठा लिये। हर बार की तरह इस बार भी सब बेमेल पत्ते थे—ऐसी बाज़ी कि आदमी चुपचाप फेंककर अलग हो जाए। मगर उसी के ज़ोर देने से पत्ते बँटे थे, इसलिए वह उन्हें फेंक नहीं सकता था। उसने नीचे से पत्ता उठाया, तो वह और भी बेमेल था। हाथ से कोई भी पत्ता चलकर वह उन पत्तों का मेल बिठाने की कोशिश करने लगा।

बाहर मूसलाधार बारिश हो रही थी—पिछली रात की बारिश से भी तेज़। खिड़की के शीशों से टकराती बूँदें एक चुनौती लिए आतीं मगर बेबस

होकर नीचे ढुलक जातीं। उन्हें देखकर लगता जैसे कई चेहरे खिड़की के साथ सटकर लगातार आँसू बहा रहे हों। किसी क्षण हवा से किवाड़ हिल जाते, तो वे चेहरे जैसे हिचकियाँ लेने लगते। हिचकियाँ बन्द होने पर ग़ुस्से से घूरने लगते। उन चेहरों के पीछे घना अँधेरा था जहाँ लगता था, कोई चीज़ छटपटाती हुई दम तोड़ रही है।

"डिक्लेयर!" प्रकाश चौंक गया। उसके हाथ के पत्तों में अब भी कोई मेल नहीं था—इस बार भी उसे फुल हैंड देना था। पत्ते फेंककर उसने पीछे टेक लगा ली और फिर खिड़की से सटे चेहरों को देखने लगा।

"तुम बहुत ख़ुशक़िस्मत आदमी हो प्रकाश, हममें सबसे ख़ुशक़िस्मत तुम्हीं हो...!" प्रकाश की आँखें खिड़की से हट आईं। पत्ते उठाकर रख दिये गए थे और मेज़ पर हार-जीत का हिसाब किया जा रहा था। हिसाब करनेवाला आदमी ही उससे कह रहा था, "कहते हैं न, जो पत्तों में बदक़िस्मत हो, वह ज़िन्दगी में ख़ुशक़िस्मत होता है! अब देख लो सबसे ज़्यादा तुम्हीं हारे हो, इसलिए मानना पड़ेगा कि सबसे ख़ुशक़िस्मत आदमी तुम्हीं हो।"

प्रकाश ने अपने नाम के आगे लिखे जोड़ को देखा। पल-भर के लिए उसकी धड़कन बढ़ गई कि जेब में उतने पैसे हैं भी या नहीं। उसने पूरी जेब ख़ाली कर ली। लगभग हारी हुई रकम के बराबर ही पैसे थे। रकम अदा कर देने के बाद दो-एक छोटे सिक्के ही उसके पास बच रहे—और उनके साथ वह अन्तर्देशीय पत्र जो शाम की डाक से आया और जिसे जेब में रखकर वह क्लब चला आया था। पत्र निर्मला का था जो उसने अब तक खोलकर पढ़ा नहीं था। जेब में पड़े-पड़े वह काफ़ी मुचड़ गया था। निर्मला के अक्षरों पर नज़र पड़ते ही उसके कई-कई चेहरे उसके सामने उभरने लगे—उसके हाथ का एक-एक अक्षर जैसे एक-एक चेहरा हो! घर से चलने के दिन भी वह उसके कितने-कितने चेहरे देखकर आया था! एक चेहरा हँस रहा था, एक रो रहा था; एक बाल खोले ज़ोर-ज़ोर से चिल्ला रहा था और धमकियाँ दे रहा था और एक...एक भूखी आँखों से उसके शरीर को निगलना चाह रहा था! उसने अपनी ज़रूरत का कुछ सामान साथ लाना चाहा था, तो एक चेहरा उसके साथ कुश्ती करने पर उतारू हो गया था।

"निर्मला!" उसने हताश होकर कहा था, "तुम्हें इस तरह गुत्थमगुत्था होते शरम नहीं आती?"

"क्यों?" निर्मला हँस दी थी, "मरद और औरत रात-दिन गुत्थमगुत्था नहीं होते क्या?"

वह बिना एक क़मीज़ तक साथ लिये घर से निकल आया था। बनियानें, तौलिये, क़मीज़ें सब कुछ उसने आते हुए रास्ते में ख़रीदा था। यह सोचने के लिए वह नहीं रुका था कि उसके पास जो चार-पाँच सौ रुपये हैं, वे इस तरह कितने दिन चलेंगे! बिछाने-ओढ़ने का सारा सामान भी उसने वहीं से किराए पर लिया था...!

और वहाँ आने के चौथे-पाँचवें दिन से ही निर्मला के पत्र आने शुरू हो गए थे—वह उसके किसी मित्र के यहाँ जाकर उसका पता ले आई थी। उन पत्रों में भी निर्मला के सब चेहरे झलक जाते थे...वह सख़्त बीमार है और अस्पताल जा रही है...उसके भाई पुलिस में ख़बर करने जा रहे हैं कि उनका बहनोई लापता हो गया है...वह रात-दिन बेचैन रहती है और दीवारों से पूछती रहती है कि उसका पति कहाँ है...वह जोगन का वेश धारण करके जंगलों में जा रही है...दो दिन के अन्दर-अन्दर पत्र का उत्तर न आया, तो उसके भाई उसे हवाई जहाज़ में वहाँ भेज देंगे...उसके छोटे भाई ने उसे बहुत पीटा है कि वह अपने 'ख़सम' के पास क्यों नहीं जाती...!

अन्तर्देशीय पत्र प्रकाश की उँगलियों में मसल गया था। उसे फिर से जेब में रखकर वह उठ खड़ा हुआ। बाहर ड्योढ़ी में कुछ लोग खड़े थे—इस इन्तज़ार में कि बारिश रुके, तो वहाँ से चलें। उनके बीच से होकर वह बाहर निकल आया।

"आप इस बारिश में जा रहे हैं?" किसी ने पूछ लिया। उसने उत्तर नहीं दिया और चुपचाप कच्चे रास्ते पर चलने लगा। सामने नीरोज़ होटल की बत्तियाँ जगमगा रही थीं—बाक़ी सब तरफ़, दाएँ-बाएँ और ऊपर-नीचे अँधेरा-ही-अँधेरा था। क्लब के अहाते से निकलकर वह सड़क पर पहुँचा, तो पानी और तेज़ हो गया।

उसका सिर पूरा भीग गया था और पानी की धारें गरदन से होकर क़मीज़ के अन्दर जा रही थीं। हाथ-पैर सुन्न हो रहे थे, फिर भी आँखों

में एक जलन-सी महसूस हो रही थी। कीचड़ से लथपथ जूता चलने में आवाज़ करता, तो शरीर में कोई चीज़ झनझना जाती। तभी एक नई सिहरन उसके शरीर में दौड़ गई। उसे लगा कि वह सड़क पर अकेला नहीं है—कोई और भी अपने नन्हे-नन्हे पाँव पटकता उसके साथ चल रहा है। रास्ते की नाली पर बना लकड़ी का पुल पार करते हुए उसने घूमकर पीछे देख लिया। उसके साथ-साथ चल रहा था एक भीगा कुत्ता—कान झटकता हुआ, ख़ामोश और अन्तर्मुख!

■

जानवर और जानवर

स्कूल की नई मेट्रन का नाम अनिता मुकर्जी था और उसकी आँखें बहुत अच्छी थीं। पर वह आंट सैली की जगह आई थी, इसलिए पहले दिन बैचलर्स डाइनिंग-रूम में किसी ने उससे खुलकर बात नहीं की।

उसने जॉन से बात करने की कोशिश की, तो वह 'हूँ-हाँ' में उत्तर देकर टालता रहा। मणि नानावती को वह अपनी चायदानी में से चाय देने लगी, तो उसने हल्का-सा धन्यवाद देकर मना कर दिया। पीटर ने अपना चेहरा ऐसे गम्भीर बनाए रखा जैसे उसे बात करने की आदत ही न हो। किसी तरफ़ से लिफ़्ट न मिलने पर वह भी चुप हो गई और जल्दी से खाना खाकर उठ गई।

"अब मेरी समझ में आ रहा है कि पादरी ने सैली को क्यों निकाल दिया," वह चली गई, तो जॉन ने अपनी भूरी आँखें पीटर के चेहरे पर स्थिर किए हुए कहा।

पीटर की आँखें नानावती से मिल गईं। नानावती दूसरी तरफ़ देखने लगी।

वैसे उनमें से कोई नहीं जानता था कि आंट सैली को फ़ादर फ़िशर ने क्यों निकाल दिया। उसके जाने के दिन से ही जॉन मुँह-ही-मुँह बड़बड़ाकर

अपना असन्तोष प्रकट करता रहता था। पीटर भी उसके साथ दबे-दबे कुढ़ लेता था।

"चलकर एक दिन सब लोग पादरी से बात क्यों नहीं करते?" एक बार हकीम ने तेज़ होकर कहा।

जॉन ने पीटर को आँख मारी और वे दोनों चुप रहे। दूसरे दिन सुबह पादरी के सिर-दर्द की ख़बर पाकर हकीम उसकी मिज़ाजपुर्सी के लिए गया तो जॉन पीटर से बोला, "ए, देखा? पहुँच गया न उसके तलुवे सूँघने? सन ऑव ए गन! हमें उल्लू बनाता था।"

आंट सैली के चले जाने से बैचलर्स डाइनिंग-रूम का वातावरण बहुत रूखा-सा हो गया। आंट सैली के रहते वहाँ के वातावरण में बहुत घरेलूपन-सा रहता था। सर्दी में तो ख़ास तौर से आंटी के बीच आ बैठने से वह कमरा एक परिवार का भरा-पूरा घर-सा बन जाता था। वह अपनी कमर पर हाथ रखे बाहर से ही मज़ाक़ करती आती—

"पीटर के लिए आज मग़ज़ का शोरबा बना है या वह मेरा ही मग़ज़ खाएगा?"

या—

"...हो हो हो! मुझे नहीं पता था कि आज मणि इस तरह ग़ज़ब ढा रही है। नहीं तो मैं भी ज़रा सज-सँवरकर आती।"

ऐसे मौक़े पर पाल उसके सफ़ेद बालों पर बँधे लाल या नीले फीते की तरफ़ संकेत करके कहता, "आंटी, यह फ़ीता बाँधकर तो तुम बिलकुल दुलहिन जैसी लगती हो!"

"अच्छा, दुलहिन जैसी लगती हूँ? तो कौन करेगा मुझसे शादी? तुम करोगे!" और उसकी आँखें मिच जातीं, होंठ फैल जाते और गले से छलछलाती हँसी का स्वर सुनाई देता।

एक बार पीटर ने कहा, "आंटी, पॉल कह रहा था कि वह आजकल में तुमसे ब्याह का प्रस्ताव करनेवाला है।"

आंटी ने चेहरा ज़रा तिरछा करके आँखें पीटर के चेहरे पर स्थिर किए हुए उत्तर दिया, "तो मुझे और क्या चाहिए? मुझे एक साथ पति भी मिल जाएगा और बेटा भी।"

फिर वही हँसी, जैसे बहते पानी के वेग में छोटे-छोटे पत्थर फिसलते चले जाएँ।

आंट सैली के चले जाने से अकेले लोगों का वह परिवार काफ़ी उखड़ गया था। कुछ दिन पहले इसी तरह मीराशी चला गया था। उसके बाद पॉल की छुट्टी कर दी गई थी। मीराशी तो ख़ैर बिगड़ैल आदमी था, मगर पॉल को बैचलर्स डाइनिंग-रूम के बैचलर्स—जिनमें दो स्त्रियाँ भी सम्मिलित थीं—बहुत चाहते थे। हालाँकि जॉन को पाल का अंग्रेज़ी फ़िल्मों के बटलर की तरह अकड़कर चलना पसन्द नहीं था और उन दोनों में प्राय: आपस में झड़प हो जाती थी, फिर भी उसकी पीठ पीछे वह उसकी तारीफ़ ही करता था। जिस दिन पॉल गया, उस दिन जॉन खिड़की के पास बैठा सिर हिलाकर पीटर से कहता रहा, "अच्छा हुआ जो यह लड़का यहाँ से चला गया। अभी तो यह बाहर जाकर कुछ बन भी जाएगा, वरना यहाँ रहकर इसका क्या बनना था? तुम भी जवान आदमी हो, तुम यहाँ किसलिए पड़े हो?"

और पीटर घड़ी को चाबी देता हुआ चुपचाप दीवार की तरफ़ देखता रहा।

पॉल और मीराशी के निकाले जाने की वजह का तो ख़ैर सबको पता था। मीराशी का अपराध बिलकुल सीधा था। उसने फ़ादर फ़िशर के माली को पीट दिया था। पॉल का अपराध दूसरी तरह का था। उसने आवारा नस्ल का एक हिन्दुस्तानी कुत्ता पाल लिया था जिसे वह हर समय अपने साथ रखता था। हालाँकि कुत्ते में कोई ख़ासियत नहीं थी—बहुत सादा-सी सूरत, फीका बादामी रंग और लम्बूतरा-सा उसका क़द था—फिर भी क्योंकि पॉल ने उसे पाल लिया था, इसलिए वह उसे बहुत लाड़ से रखता था। उसका नाम उसने 'बेबी' रख रखा था और कई बार उसे बग़ल में लिये खाना खाने आ जाता था। जल्दी ही बेबी बैचलर्स डाइनिंग-रूम में खाना खानेवाले सब लोगों का बेबी बन गया—एक मणि नानावती को छोड़कर जो उसकी सूरत देखते ही घबरा जाती थी। घबराहट में उसके चेहरे का रंग सुर्ख़ हो जाता और उसका नाटा छरहरा शरीर काबू में न रहता। एक बार बेबी उसके हाथ में हड्डी देखकर उसके घुटने पर चढ़ने

की कोशिश करने लगा तो वह घबराकर कुर्सी पर खड़ी हो गई और दोनों हाथ हवा में झटकती हुई चिल्लाने लगी, "ओई ओई हिश्, गो अवे! प्लीज़ पॉल, टेक हिम अवे! प्लीज़...!"

पॉल पुलाव का चम्मच मुँह के पास रोककर धूर्तता के साथ मुस्कराया और बेबी को डाँटकर बोला, "चल इधर बेबी! इस तरह ख़ानदान को बदनाम करता है?"

मगर बेबी को हड्डी का कुछ ऐसा शौक़ था कि वह डाँट सुनकर भी नहीं हटा। वह नानावती की कुर्सी पर चढ़कर उसके जिस्म के सहारे खड़ा होने की कोशिश करने लगा। इस जद्दोजहद में नानावती कुर्सी से गिरने ही जा रही थी कि पॉल ने जल्दी से उठकर उसे बग़ल से पकड़कर नीचे उतार दिया। फिर उसने बेबी को दो चपत लगाई और उसे कान से खींचता हुआ अपनी सीट के पास ले आया। बेबी पॉल की टाँगों के आसपास मँडराने लगा।

"मेरा सारा ब्लाउज़ ख़राब कर दिया!" नानावती हाँफती हुई रूमाल से अपना ब्लाउज़ साफ़ करने लगी। उसके उभार पर एकाध जगह बेबी का मुँह छू गया था।

बेबी अब पॉल के घुटने से अपनी नाक रगड़ रहा था। पॉल ने उसकी पीठ सहलाते हुए कहा, "नॉटी चाइल्ड! ऐसी भी क्या शरारत कि इनसान एटिकेट तक भूल जाए!"

जॉन पीटर की तरफ़ देखकर मुस्कराया। नानावती भड़क उठी, "देखो पॉल, मुझे इस तरह का मज़ाक़ क़तई पसन्द नहीं।" ग़ुस्से से उसका पूरा शरीर तमतमा गया था। अगर वह और शब्द बोलती तो साथ रो देती।

मगर उसे गम्भीर देखकर भी पॉल गम्भीर नहीं हुआ। बोला, "मुझे ख़ुद ऐसा मज़ाक़ पसन्द नहीं, मादाम! मैं इसकी हरकत के लिए बहुत शर्मिन्दा हूँ!" और उसके निचले होंठ पर हल्की-सी मुस्कराहट आ गई।

नानावती क्षण-भर रुँधे हुए आवेश के साथ पॉल को देखती रही। फिर अपना नेपकिन मेज़ पर पटककर तेज़ी से कमरे से चली गई। उसके जाते ही जॉन ने अपनी भूरी आँखें फैलाकर सिर हिलाया और कहा, "आज

तुम्हारे साथ कुछ-न-कुछ होकर रहेगा। वह अब सीधी उस शुतुरमुर्ग के पास शिकायत करने जाएगी...कुतिया!"

मगर नानावती ने कोई शिकायत नहीं की। बल्कि दूसरे दिन सुबह उसने पॉल से अपने व्यवहार के लिए क्षमा माँग ली। जॉन को अपनी भविष्यवाणी के ग़लत निकलने का खेद तो हुआ, पर इससे नानावती के प्रति उसका व्यवहार पहले से बदल गया। उसने उसकी अनुपस्थिति में उसके लिए वेश्यावाचक शब्दों का प्रयोग बन्द कर दिया। यहाँ तक कि एक दिन वह एटकिन्सन के साथ इस सम्बन्ध में विचार करता रहा कि इतनी अच्छी और मेहनती लड़की को उसके पति ने घर से क्यों निकाल रखा है।

नानावती ने भी उसके बाद बेबी को देखते ही 'ओई ओई हिश्' करना बन्द कर दिया। गाहे-बगाहे वह उसे देखकर मुस्करा भी देती। एक बार तो उसने बेबी की पीठ पर हाथ भी फेर दिया, हालाँकि ऐसा करते हुए वह सिर से पाँव तक सिहर गई।

बैचलर्स डाइनिंग-रूम में पॉल के ज़ोर-ज़ोर के क़हक़हे रात को दूर तक सुनाई देते। बेबी को लेकर नानावती से तरह-तरह के मज़ाक़ किए जाते। मज़ाक़ सुनकर जॉन की भूरी आँखों में चमक आ जाती और वह सिर हिलाता हुआ मुस्कराता रहता।

मगर एक दिन सुबह बैचलर्स डाइनिंग-रूम में सुना गया कि रात को फ़ादर फ़िशर ने बेबी को गोली मार दी।

जॉन अपनी चुँधियाई आँखों को मेज़ पर स्थिर किए चुपचाप आमलेट खाता रहा। नानावती का छुरीवाला हाथ ज़रा-ज़रा काँपने लगा। एक बार सहमी नज़र से जॉन और पीटर को देखकर वह अपनी नज़रें प्लेट पर गड़ाए रही। पीटर स्लाइस का टुकड़ा काटने में इस तरह व्यस्त हो रहा जैसे बहुत महत्त्वपूर्ण काम कर रहा हो।

"पॉल अभी नहीं आया, ए?" जॉन ने किरपू से पूछा।

किरपू ने नमकदानी पीटर के पास से हटाकर जॉन के सामने रख दी।

"नहीं।"

"वह आज आएगा? हि:!" जॉन ने आमलेट का बड़ा-सा टुकड़ा काटकर मुँह में भर लिया।

"बेज़बान जानवर को इस तरह मारने से...मैं कहता हूँ...मैं कहता हूँ...," आमलेट जॉन के गले में अटक गया।

किरपू चटनी की बोतल रखने के बहाने जॉन के कान के पास फुसफुसाया, "पादरी आ रहा है!"

सबकी नज़रें प्लेटों पर जम गईं। पादरी लबादा पहने, बाइबल लिये, गिरजे की तरफ़ जा रहा था। वह खिड़की के पास से गुज़रा तो तीनों, अपनी-अपनी कुर्सी से आध-आधा उठ गए।

"गुड मॉर्निंग, फ़ादर!"

"गुड मॉर्निंग माई सन्ज़!"

"आज अच्छा सुहाना दिन है!"

"परमात्मा का शुक्र करना चाहिए।"

पादरी खट्टी की बाड़ से आगे निकल गया, तो जॉन बोला, "यह अपने को पादरी कहता है! सवेरे परमात्मा से संसार-भर का चरित्र सुधारने के लिए प्रार्थना करेगा और रात को...हरामज़ादा!"

नानावती सिहर गई।

"ऐसी गाली नहीं देनी चाहिए," वह दबे हुए और शंकित स्वर में बोली।

"तुम इसे गाली कहती हो?" जॉन आवेश के साथ बोला, "मैं कहता हूँ इसमें ज़रा भी गाली नहीं है। तुम्हें इसकी करतूतों का पता नहीं है? यह पादरी है?"

नानावती का चेहरा फीका पड़ गया। उसने शंकित नज़र से इधर-उधर देखा, पर चुप रही। जॉन के चौड़े माथे पर कई लकीरें खिंच गई थीं। वह बोतल से इस तरह चटनी उड़ेलने लगा, जैसे उसी पर अपना सारा ग़ुस्सा निकाल लेना चाहता हो।

पीटर सारा समय खिड़की से बाहर देखता रहा।

डिंग-डांग! डिंग-डांग! गिरजे की घंटियाँ बजने लगीं। नानावती जल्दी से नेपकिन से मुँह पोंछकर उठ खड़ी हुई और पल-भर दुविधा में रहकर बाहर चली गई।

"चुहिया! कितना डरती है, ए?" जॉन बोला।

मिसेज़ मर्फी एटकिन्सन के साथ बात करती हुई खिड़की के पास से

निकलकर चली गई। गिरजे की घंटियाँ लगातार बज रही थीं—डिंग-डांग! डिंग-डांग! डिंग-डांग!

जॉन जल्दी-जल्दी चाय के घूँट भरने लगा। जल्दी में चाय की कुछ बूँदें उसके गाउन पर गिर गईं।

"गाश्!" वह प्याली रखकर रूमाल से गाउन साफ़ करने लगा।

"गिरजे नहीं चल रहे?" पीटर ने उठते हुए पूछा।

जॉन ने जल्दी-जल्दी दो-तीन घूँट भरे और बाक़ी चाय छोड़कर उठ खड़ा हुआ। उनके दरवाज़े से बाहर निकलते ही किरपू और ईसरसिंह में बचे हुए मक्खन के लिए छीना-झपटी होने लगी, जिसमें एक प्याली गिरकर टूट गई। हकीम और बैरो को आते देखकर ईसरसिंह जल्दी से पैंट्री में चला गया और किरपू कपड़े से मेज़ साफ़ करने लगा।

हकीम कन्धे झुकाकर चलता हुआ बैरो को रात की घटना सुना रहा था। डाइनिंग-रूम के पास आकर उसका स्वर और धीमा हो गया—"यू सी, बेबी को डॉली के साथ देखते ही पादरी को एकदम ग़ुस्सा आ गया और वह अन्दर जाकर अपनी राइफल निकाल लाया। एक ही फ़ायर में उसने उसे चित कर दिया। डॉली कुछ देर बिटर-बिटर पादरी को देखती रही। फिर बाड़ के पीछे भाग गई। बाद में सुना है पादरी ने उसे गरम पानी से नहलवाया और डॉक्टर को बुलाकर उसे इंजेक्शन भी लगवाए...!"

"कहाँ पादरी की बिस्कुट और सैंडविच खाकर पली हुई कुतिया और कहाँ बेचारा बेबी!" बैरो मुस्कराया।

"मगर उस बेचारे को क्या पता था?"

वे दोनों हँस दिये।

"बेबी को मालूम होता कि यह कुतिया कैनेडा से आई है और इसकी क़ीमत तीन सौ रुपया है, तो शायद वह...।"

और वे दोनों फिर हँस दिये।

"यह तो था कि कल पादरी ने देख लिया, पर इससे पहले अगर...!"

बैरो ने हकीम को आँख मारी। वह चुप कर गया। बाड़ के मोड़ के पास जॉन और पीटर खड़े थे। पीटर अपने जूते का फ़ीता फिर से बाँध रहा था।

"गुड मॉर्निंग, पीटर!"

"गुड मॉर्निंग, बैरो।"

"आज बहुत चुस्त लग रहे हो। बाल आज ही कटाए हैं?"

"नहीं, दो-तीन दिन हो गए।"

"बहुत अच्छे कटे हैं।"

"शुक्रिया!"

सहसा डिंग-डांग की आवाज़ रुक गई। वे सब तेज़ी से गिरजे के अन्दर चले गए।

पन्द्रहवाँ साम गाने के बाद प्रार्थना शुरू हुई। सब लोग घुटनों के बल होकर आँखों पर हाथ रखे पादरी के साथ-साथ बोलने लगे—

"...अवर फ़ादर, हू आर्ट इन हैवन, हैलोड बी दाई नेम, दाई किंगडम कम, दाई विल बी डन, इन दिस वर्ल्ड एज़ इन हैवन..."

बैरो ने प्रार्थना करते हुए बीच में अपनी बीवी के कान के पास फुसफुसाकर कहा, "मेरी, तुम्हारा पेटीकोट नीचे से दिखाई दे रहा है।"

मेरी एक हाथ आँखों पर रखे दूसरे हाथ से अपना स्कर्ट नीचे सरकाने लगी।

"...नाउ एंड फॉर एवर मोर, आमेन।"

गिरजे में उस दिन और उससे अगले दिन पॉल की सीट ख़ाली रही। इस बात को नोट हर एक ने किया, मगर किसी ने इस बारे में दूसरे से बात नहीं की। पॉल ईसाई नहीं था, मगर फ़ादर फ़िशर के आदेश के मुताबिक स्टाफ के हर आदमी का गिरजे में उपस्थित होना अनिवार्य था—जो ईसाई नहीं थे, उनका रोज़ आना और भी ज़रूरी था। पादरी गिरजे से निकलता हुआ उन लोगों की सीटों पर एक नज़र ज़रूर डाल लेता था। तीसरे दिन भी पॉल अपनी सीट पर दिखाई नहीं दिया, तो पादरी गिरजे से निकलकर सीधा स्टाफ-रूम में पहुँच गया। वहाँ पॉल एक कोने में मेज़ के पास खड़ा कोई मैगज़ीन देख रहा था। पादरी पास पहुँच गया, तो भी उसकी तनी हुई गरदन में ख़म नहीं आया।

"गुड मॉर्निंग पादरी!" वह क्षण-भर के लिए आँख उठाकर फिर मैगज़ीन देखने लगा।

"तुम तीन दिन से गिरजे में नहीं आए," उत्तेजना में पादरी का हाथ पीठ के पीछे चला गया। वह बहुत कठिनाई से अपने स्वर को वश में रख पाया था।

"जी हाँ, मैं तीन दिन से नहीं आया," मैगज़ीन नीचे करके पॉल ने गम्भीर नज़र से पादरी की तरफ़ देख लिया।

"मैं वजह जान सकता हूँ?"

"वजह कुछ भी नहीं है।"

पादरी ने उत्तेजना के मारे बाइबल को दोनों हाथों में भींच लिया और माथे पर त्योरी को डालकर कहा, "तुम जानते हो कि जो अच्छा-भला होकर भी सुबह गिरजे में नहीं आता उसे यहाँ रहने का अधिकार नहीं है?"

ग़ुस्से के मारे पॉल के जबड़ों के मांस में खिंचाव आ गया था। उसने मैगज़ीन मेज़ पर रखकर हाथ जेबों में डाल लिये और बिलकुल सीधा खड़ा हो गया। बड़ी खिड़की के पास जॉन नज़र झुकाए बैठा था और आठ-दस लोग नोटिस बोर्ड और चिट्ठियोंवाले रैक के पास खड़े अपने को किसी-न-किसी तरह उदासीन ज़ाहिर करने की कोशिश कर रहे थे। उनमें से किसी ने पॉल के साथ आँख नहीं मिलाई। पॉल का गला ऐसे काँप गया जैसे वह कोई बहुत सख़्त बात कहने जा रहा हो।

"पादरी, हम गिरजे में जो प्रार्थना करते हैं, उसका कोई मतलब भी होता है?"

एक लकीर दूर तक खिंचती चली गई। पादरी का चेहरा ग़ुस्से से स्याह हो गया।

"तुम्हारा कहने का मतलब है..." उसके दाँत भिंच गए और वाक्य उससे पूरा नहीं हुआ। नोटिस बोर्ड के पास खड़े लोगों के चेहरे फक पड़ गए।

"मेरा मतलब है पादरी, कि रात को तो हम ग़रीब जानवरों को गोली मारते हैं, और सुबह गिरजे में उनकी रक्षा के लिए ईश्वर से प्रार्थना करते हैं—इसका कुछ मतलब निकलता है?"

पादरी पल-भर ख़ून-भरी आँखों से पॉल को देखता रहा। उसकी साँस तेज़ हो गई थी।

"मतलब निकलता है और वह यह कि हर जानवर एक-सा नहीं होता। जानवर और जानवर में फ़र्क़ होता है," उसने दाँत भींचकर कहा और पास के दरवाज़े से बाहर चला गया—हालाँकि उसके घर का रास्ता दूसरे दरवाज़े से था।

पन्द्रह मिनट बाद स्कूल का क्लर्क आकर पॉल को चिट्ठी दे गया कि उसे उस दिन से नौकरी से बरख़ास्त कर दिया गया है। वह चौबीस घंटे के अन्दर अपना क्वार्टर ख़ाली करके चला जाए।

"यह पादरी नहीं, राक्षस है," जॉन मुँह में बड़बड़ाया।

पीटर को उस दिन शहर में काम निकल आया, इसलिए वह रात को देर से लौटा। हकीम और बैरो खेल के मैदानों की जाँच में व्यस्त रहे। नानावती को हल्का-सा बुख़ार हो आया। पॉल को चलते वक़्त सिर्फ़ जॉन ही अपने कमरे में मिला। वह अपनी खिड़की में रखे गमलों को ठीक कर रहा था।

"जा रहे हो?" उसने पॉल से पूछा।

"हाँ, तुमसे गुड बाई कहने आया हूँ।"

जॉन गमलों को छोड़कर अपनी चारपाई पर जा बैठा।

"मैं जवान होता, तो मैं भी तुम्हारे साथ चला चलता," उसने कहा, "मगर मुझे यहाँ से निकलकर पता नहीं क़ब्र की राह भी मिलेगी या नहीं। मेरी हड्डियों में दमखम होता, तो तुम देखते।"

पॉल ने मुस्कराकर उसका हाथ दबाया और उसके पास से चल दिया।

"विश यू बेस्ट ऑफ़ लक।"

"थैंक यू।"

पॉल के चले जाने के बाद आंट सैली ने बैचलर्स डाइनिंग-रूम में आना बन्द कर दिया और कई दिन खाना अपने क्वार्टर में ही मँगवाती रही। जॉन और पीटर भी अलग-अलग वक़्त पर आते, जिससे बहुत कम उनमें मुलाक़ात हो पाती। नानावती अब पहले से भी सहमी हुई आती और जल्दी-जल्दी खाना खाकर उठ जाती। फ़ादर फ़िशर ने उसे पॉल वाला क्वार्टर दे दिया था। इसलिए वह अपने को अपराधिनी-सी महसूस करती थी। जॉन ने उसके बारे में अपनी राय फिर बदल ली थी।

मगर धीरे-धीरे स्थिति फिर पुरानी सतह पर आने लगी थी। बैचलर्स डाइनिंग-रूम में फिर क़हक़हे और बहस-मुबाहिसे सुनाई देने लगे थे जब एक रात सुना गया कि आंट सैली को भी नोटिस मिल गया है।

"सैली को?" जॉन के होंठ खुले रह गए। "किस बात पर?"

"बात का पता नहीं है," पीटर सूप में चम्मच चलाता रहा।

जॉन का चेहरा गम्भीर हो गया। वह मक्खन की टिकिया खोलता हुआ बोला, "मुझे लगता है कि इसके बाद अब मेरी बारी आएगी। मुझे पता है कि उसकी आँखों में कौन-कौन खटकता है। सैली का कसूर यह था कि वह रोज़ उसकी हाज़िरी नहीं देती थी और न ही वह..." और वह नानावती की तरफ़ देखकर चुप रह गया। पीटर कुछ कहने को हुआ, मगर बाहर से हकीम को आते देखकर चुपचाप नेपकिन से होंठ पोंछने लगा।

हकीम के आने पर कई क्षण चुप्पी छाई रही। किरपू, हकीम के सामने प्लेट और छुरी-काँटे रख गया।

"तुम्हारे क्वार्टर में नये पर्दे बहुत अच्छे लगे हैं," जॉन हकीम से बोला।

"तुम्हें पसन्द हैं?"

"बहुत।"

"शुक्रिया।"

"मेरा ख़याल है चॉप्स में नमक ज़्यादा है।"

"अच्छा?"

"लेकिन पुडिंग अच्छा है।"

खाना खाकर जॉन और पीटर लॉन में टहलते रहे। आंट सैली के क्वार्टर को जानेवाले मोड़ के पास रुककर जॉन ने पूछा, "सैली से मिलने चलोगे?"

"चलो।"

"उस हरामी ने हमें इस वक़्त जाते देख लिया तो..."

"तो कल सुबह न चलें?"

"हाँ, इस वक़्त देर भी हो गई है।"

"बेचारी सैली!"

"इस पादरी जैसा ज़ालिम आदमी मैंने आज तक नहीं देखा। फ़ौज में बड़े-बड़े सख़्त अफ़सर थे, मगर ऐसा आदमी कोई नहीं था।"

पीटर जँगले के पास घास पर बैठ गया।

"मुझे फिर से फ़ौज की ज़िन्दगी मिल जाए तो मैं एक दिन भी यहाँ न रहूँ...।"

घास पर बैठकर जॉन पीटर को अपनी फ़ौज की ज़िन्दगी के वही क़िस्से सुनाने लगा जो वह पहले भी कई बार सुना चुका था।

"पूरी-पूरी बोतल, ए! रोज़ रात को रम की एक पूरी बोतल मैं पी जाता था। मेरा एक साथी था जो पास के गाँव से दो-दो लड़कियों को ले आया करता था।...कभी-कभी हम रात को निकलकर उसके गाँव चले जाते थे। अफ़सर लोग देखते थे मगर कुछ कह नहीं सकते थे। वह ख़ुद भी तो यही कुछ करते थे। वह ज़िन्दगी ज़िन्दगी थी। यह भी कोई ज़िन्दगी है, ए?"

मगर पीटर उसकी बात न सुनकर बिना आवाज़ पैदा किए, मुँह-ही-मुँह एक गीत गुनगुना रहा था।

"वैसे दिन फिर से मिल जाएँ, तो कुछ नहीं चाहिए, ए?"

ऊपर देवदार की छतरियाँ हिल रही थीं। हवा से जंगल साँय-साँय कर रहा था। हॉस्टल की तरफ़ से आती पगडंडी पर पैरों की आवाज़ सुनकर जॉन थोड़ा चौंक गया।

"कोई आ रहा है, ए?"

पीटर सिर उठाकर जँगले से नीचे देखने लगा।

पैरों की आहट के साथ सीटी की आवाज़ ऊपर आती गई।

"बैरो है!"

"यह भी एक हरामज़ादा है।"

पीटर ने उसका हाथ दबा दिया।

"अभी क्वार्टर में नहीं गए टैफी?" बैरो ने अँधेरे से निकलकर सामने आते हुए पूछा।

"नहीं, यहाँ बैठकर ज़रा हवा ले रहे हैं।"

"आज हवा काफ़ी ठंडी है। पन्द्रह-बीस दिन में बर्फ़ पड़ने लगेगी।"

जॉन जँगले का सहारा लेकर उठ खड़ा हुआ।

"अच्छा, गुड नाइट पीटर! गुड नाइट बैरो!"

"गुड नाइट!"

कुछ रास्ता पीटर और बैरो साथ-साथ चलते रहे। बैरो चलते-चलते बोला, "जॉन अब काफ़ी सठिया गया है, क्यों? इसे अब रिटायर हो जाना चाहिए।"

"हाँ-आँ!" पीटर के शरीर में एक सिहरन भर गई।

"मगर यह तो यहीं अपनी क़ब्र बनाएगा, नहीं?"

पीटर ने मुँह तक आई गाली होंठों में दबा ली।

बैरो का क्वार्टर आ गया।

"अच्छा, गुड नाइट!"

"गुड नाइट!"

सुबह नाश्ते के वक़्त जॉन ने पीटर से पूछा, "सैली चली गई, ए?"

"पता नहीं," पीटर बोला, "मेरा ख़याल है, अभी नहीं गई।"

"वह आ रही है!" नानावती नेपकिन से मुँह पोंछकर उसे हाथ में मसलने लगी। जॉन और पीटर की आँखें झुक गईं।

आंट सैली का रिक्शा डाइनिंग-रूम के दरवाज़े के पास आकर रुक गया। वह कन्धे पर झोला लटकाए उतरकर डाइनिंग-रूम में आ गई।

"गुड मॉर्निंग एवरीबडी!" उसने दहलीज़ लाँघते ही हाथ हिलाया।

"गुड मॉर्निंग सैली!" जॉन ने भूरी आँखें उसके चेहरे पर स्थिर किए हुए भारी आवाज़ में कहा। जो वह मुँह से नहीं कह सका, वह उसने अपनी नज़र से कह देने की चेष्टा की।

"बस, आज ही जा रही हो।" नानावती ने डरे-सहमे हुए स्वर में पूछा और एक बार दाएँ-बाएँ देख लिया। आंट सैली ने आँखें झपकते हुए मुस्कराकर सिर हिला दिया।

"मैं सुबह मिलने आ रहा था," पीटर बोला, "मगर तैयार होने-होने में देर हो गई। मेरा ख़याल था कि तुम शायद शाम को जा रही हो...।"

आंट सैली ने धीरे-से उसका कन्धा थपथपा दिया और उसी तरह मुस्कराते हुए कहा, "मैं जानती हूँ मेरे बच्चे! मैं चाहती हूँ कि तुम ख़ुश रहो।"

"आंटी, कभी-कभार ख़त लिख दिया करना," पीटर ने उसका मुरझाया हुआ नरम हाथ अपने मज़बूत हाथ में लेकर हिलाया। आंट सैली की आँखें डबडबा आईं और उसने उन पर रूमाल रख लिया।

"अच्छा, गुड बाई!" कहकर वह दहलीज़ पार करके रिक्शा की तरफ़ चली गई।

"गुड बाई सैली!" जॉन ने पीछे से कहा।

"गुड बाई आंटी!"

"गुड बाई!"

आंट सैली ने रिक्शा में बैठकर उनकी तरफ़ हाथ हिलाया। मज़दूर रिक्शा खींचने लगे।

कुछ देर बाद नानावती ने कहा, "किरपू, एक बटर स्लाइस।"

जॉन पीछे की तरफ़ देखकर बोला, "मुझे चाय का थोड़ा गर्म पानी और दे दो।"

पीटर जैम के डिब्बे में से जैम निकालने लगा।

जिस दिन अनिता आई, उसी शाम से आकाश में सलेटी बादल घिरने लगे। रात को हल्की-हल्की बर्फ़ भी पड़ गई। अगले दिन शाम तक बादल और गहरे हो गए। पीटर खेतानी गाँव तक घूमकर वापस आ रहा था, जब अनिता उसे ऊपर की पगडंडी पर टहलती दिखाई दे गई। वह उस ठंड में भी साड़ी के ऊपर सिर्फ़ एक शाल लिये थी। पीटर को देखकर वह मुस्कराई। पीटर ने उसकी मुस्कराहट का उत्तर अभिवादन से दिया।

"घूमने जा रही हो?" उसने पूछा।

"नहीं, यूँ ही ज़रा टहलने के लिए निकल आई थी।"

"तुम्हें ठंड नहीं लग रही है?"

"ठंड तो है ही, मगर क्वार्टर में बन्द होकर बैठने को मन नहीं हुआ।" उसने शाल से अपनी बाँहें भी ढाँप लीं।

"तुम तो ऐसे घूम रही हो जैसे मई का महीना हो।"

"मेरे लिए मई और नवम्बर दोनों बराबर हैं। मेरे पास ऊनी कपड़े हैं ही नहीं।" वह फिसलन पर से सँभलती हुई पगडंडी से उतरकर उसके पास आ गई।

"ऊनी कपड़े तो तुमने पादरी के डिनर की रात के लिए सँभालकर रख रखे होंगे। तब तक सर्दी से बीमार न पड़ जाना।" पीटर ने मज़ाक़ के अन्दाज़ में अपना निचला होंठ सिकोड़ लिया।

"सच, मेरे पास इस शाल के सिवा और कोई ऊनी कपड़ा है ही नहीं," अनिता उसके साथ-साथ चलती हुई बोली, "सच पूछो तो यह भी प्रेज़ेंट का है। हमें उधर गरम कपड़ों की ज़रूरत ही नहीं पड़ती।"

"तो परसों तक एक बढ़िया-सा कोट सिला हो। परसों फ़ादर का डिनर है।"

"परसों तक?...ओह?" और वह मीठी-सी हँसी हँस दी।

"क्यों? एक दिन में यहाँ अच्छे-से-अच्छा कोट सिल जाएगा।"

"मेरे पास इतने पैसे होते तो मैं यहाँ नौकरी करने ही क्यों आती?" तुम्हें पता है, मैं नौ सौ मील से यहाँ आई हूँ...अ..."

"पीटर—या सिर्फ़ विकी...।"

"मैं अपने घर में अकेली कमानेवाली हूँ। मेरी माँ पहले बटुए सिया करती थी, पर अब उसकी आँखें बहुत कमज़ोर हो गई हैं। मेरा छोटा भाई अभी पढ़ता है। उसके एम.एस-सी. करने तक मुझे नौकरी करनी है।"

पीटर ने रुककर एक सिगरेट सुलगा लिया। बर्फ़ के हल्के-हल्के गोले पड़ने लगे थे। उसने आकाश की तरफ़ देखा। बादल बहुत गहरा था।

"आज काफ़ी बर्फ़ पड़ेगी," उसने कोट के कॉलर ऊँचे उठाते हुए कहा। "चलो, तुम्हें तुम्हारे क्वार्टर तक छोड़ आऊँ।...तुम सी कॉटेज में हो न?"

"हाँ।...चलो मैं तुम्हें वहाँ चाय की प्याली बनाकर पिलाऊँगी।"

"इस मौसम में चाय मिल जाए, तो और क्या चाहिए?"

वे सी कॉटेज को जानेवाली पगडंडी पर उतरने लगे। कुहरा घना हो जाने से रास्ता दस क़दम से आगे दिखाई नहीं दे रहा था। अनिता एक जगह पत्थर से ठोकर खा गई।

"चोट लगी?"

"नहीं।"

"मेरे कन्धे का सहारा ले लो।"

अनिता ने बराबर आकर उसके कन्धे का सहारा ले लिया। जब वे

सी कॉटेज के बरामदे में पहुँचे, तो बर्फ़ के बड़े-बड़े गोले गिरने लगे थे। घाटी में जहाँ तक आँख जाती थी, बादल-ही-बादल भरा था। एक बिल्ली दरवाज़े से सटकर काँप रही थी। अनिता ने दरवाज़ा खोला, तो वह म्याऊँ करके अन्दर घुस गई।

दरवाज़ा खुलने पर पीटर ने उसके सामान पर एक सरसरी नज़र डाली। स्कूल के फ़र्नीचर के अलावा उसे एक टीन का ट्रंक और दो-चार कपड़े ही दिखाई दिये। मेज़ पर एक सस्ता टेबल लैम्प रखा था और उसके पास ही एक युवक का फ़ोटोग्राफ़ था। पीटर चारपाई पर बैठ गया। अनिता स्टोव जलाने लगी।

चारपाई पर एक पुस्तक और आधा लिखा पत्र पड़ा था। पीटर ने पत्र ज़रा हटाकर रख दिया और पुस्तक उठा ली। पुस्तक पत्र-लेखन के सम्बन्ध में थी और उसमें हर तरह के पत्र दिये हुए थे। पीटर उसके पन्ने उलटने लगा।

अनिता ने स्टोव जलाकर केतली चढ़ा दी। फिर उसने बाहर देखकर कहा, "बर्फ़ पहले से तेज़ पड़ने लगी है।"

पीटर ने देखा कि बरामदे के बाहर ज़मीन पर सफ़ेदी की हल्की तह बिछ गई है। उसने सिगरेट का टुकड़ा बाहर फेंका, तो वह धुन्ध में जाते ही बुझ गया।

"आज सारी रात बर्फ़ पड़ती रहेगी," उसने कहा।

अनिता स्टोव पर हाथ सेंकने लगी।

बरामदे में पैरों की आहट सुनकर पीटर बाहर निकल आया। जॉन भारी क़दमों से चलता आ रहा था।

"ए पीटर!"

"हलो टैफी!...इस वक़्त बर्फ़ में कैसे निकल पड़े?"

"तुम्हारे क्वार्टर में गया था। तुम वहाँ नहीं मिले तो सोचा, शायद यहाँ मिल जाओ।" और वह मुस्करा दिया।

"वैसे घूमने के लिए मौसम अच्छा है?" पीटर ने कहा।

वे दोनों कमरे में आ गए। अनिता प्यालियाँ धो रही थी। एक प्याली उसके हाथ से गिरकर टूट गई।

"ओह!"

"प्याली टूट गई?"

"हाँ, दो थीं, उनमें से भी एक टूट गई।"

"कोई बात नहीं। सॉसर तो हैं, उनसे प्यालियों का काम चल जाएगा।"

पीटर फिर चारपाई पर बैठ गया। जॉन मेज़ पर रखे फ़ोटोग्राफ़ के पास चला गया।

"फिऑसे—ए?"

अनिता ने मुस्कराकर सिर हिला दिया।

"यह चिट्ठी भी उसी को लिखी जा रही थी?"

जॉन ने चारपाई पर रखे पत्र की तरफ़ संकेत किया। पीटर पुस्तक का वह पृष्ठ पढ़ने लगा जिस पर से वह पत्र नकल किया जा रहा था।

जॉन स्टोव के पास जा खड़ा हुआ और अनिता के शाल की तारीफ़ करने लगा।

चाय तैयार हो गई तो अनिता ने प्याली बनाकर जॉन को दे दी। अपने और पीटर के लिए सॉसर में चाय डालती हुई बोली, "हमारे घर में कुल दो ही प्यालियाँ थीं। वही मैं उठा लाई थी। आते ही एक टूट गई।"

जॉन और पीटर ने एक-दूसरे की तरफ़ देखकर आँखें हटा लीं।

"यह सी कॉटिज है तो अच्छी, मगर ज़रा दूर पड़ जाती है," पीटर दोनों हाथों से सॉसर सँभालता हुआ बोला, "तुम पादरी से कहो कि तुम्हें डी या ई कॉटिज में जगह दे दें। वे दोनों ख़ाली पड़ी हैं। उनमें दो बड़े कमरे हैं।"

"अच्छा?" अनिता बोली, "वैसे मेरे लिए तो यही कमरा बहुत बड़ा है। घर में हमारे पास इससे भी छोटा एक ही कमरा है जिसमें हम तीन जने रहते हैं...। उसमें से भी आधा कमरा मेरे भाई ने ले रखा है और आधे कमरे में हम माँ-बेटी गुज़ारा करती हैं। अब मैं आ गई हूँ तो माँ को जगह की कुछ सहूलियत हो गई होगी।...मैं अपनी माँ को बहुत प्यार करती हूँ। पहला वेतन मिलने पर मैं उसके लिए कुछ अच्छ-अच्छे कपड़े भेजना चाहती हूँ। उसके पास अच्छे कपड़े नहीं हैं।"

पीटर और जॉन की आँखें पल-भर मिली रहीं। जॉन का निचला होंठ थोड़ा सिकुड़ गया।

"चाय बहुत अच्छी है!"

"ख़ूब गरम है और फ्लेवर भी बहुत अच्छा है।"

"रोज़ बर्फ़ पड़े तो मैं रोज़ यहाँ आकर चाय पिया करूँ।"

पीटर के सॉसर से चाय छलक गई।

"सॉरी!"

बर्फ़ और कुहरे की वजह से बाहर बिलकुल अँधेरा हो गया था। बर्फ़ के गोले दूध-फेन की तरह निःशब्द गिर रहे थे। जॉन और पीटर अनिता के क्वार्टर से निकलकर ऊपर की तरफ़ चले, तो पगडंडी पर दो-दो इंच बर्फ़ जमा हो चुकी थी। अँधेरे में ठीक से रास्ता दिखाई नहीं दे रहा था, इसलिए जॉन ने पीटर की बाँह पकड़ ली।

"अच्छी लड़की है, ए?"

"बहुत सीधी है।"

"मुझे डर है कि यह भी कहीं नानावती की तरह...।"

"रहने दो—तुम उसके हाथ इसका मुक़ाबला करते हो?"

"वह आई थी तो वह भी ऐसी ही थी...।"

"मैं इसे इन लोगों के बारे में सब कुछ बता दूँगा।"

जॉन को थोड़ी खाँसी आ गई। वे कुछ देर ख़ामोश चलते रहे। उनके पैरों के नीचे कच्ची बर्फ़ कचर-कचर करती रही।

कुछ फ़ासले से आकर टॉर्च की रोशनी उनकी आँखों से टकराई। पल-भर के लिए उनकी आँखें चुँधियाई रहीं। फिर उन्होंने ऊपर से उतरकर आती आकृति को देखा।

"गुड ईवनिंग बैरो!"

"गुड ईवनिंग टैफी! किधर से घूमकर आ रहे हो?"

"यूँ ही बर्फ़ पड़ती देखकर थोड़ी दूर निकल गए थे।"

"बर्फ़ में घूमना सेहत के लिए अच्छा है!"

पीटर ने जॉन की उँगली दबा दी।

"तुम भी सेहत बनाने निकले हो?"

इस बार जॉन ने पीटर की उँगली दबा दी।

"हाँ, मौसम अच्छा है, मैंने भी सोचा, थोड़ा घूम लूँ।"

"अच्छा, गुड नाइट!"

"गुड नाइट!"

टॉर्च की रोशनी काफ़ी नीचे पहुँच गई, तो जॉन पैर से रास्ता टटोलता हुआ बोला, "यह पादरी का ख़ुफ़िया है ख़ुफ़िया। मैं इस हरामी की रग-रग पहचानता हूँ।"

पीटर ख़ामोश चलता रहा।

सुबह जिस समय पीटर की आँख खुली, उसने देखा कि वह जॉन के क्वार्टर में एक आरामकुर्सी पर पड़ा है—वहीं उस पर दो कम्बल डाल दिये गए हैं। सामने रम की ख़ाली बोतल रखी है। वह उठा, तो उसकी गरदन दर्द कर रही थी। उसने खिड़की के पास आकर देखा कि जॉन चाय का फ्लास्क लिये डाइनिंग-रूम की तरफ़ से आ रहा है। वह ठंडी सलाखों को पकड़े दूर तक फैली बर्फ़ को देखता रहा।

जॉन कमरे में आ गया और भारी क़दमों से तख़्ते पर आवाज़ करता हुआ पीटर के पास आ खड़ा हुआ।

"कुछ सुना, ए?"

पीटर ने उसकी तरफ़ देखा।

"रात को पादरी ने उसे अपने यहाँ बुलाया था...।"

"किसे, अनिता को?"

जॉन ने सिर हिलाया। उसकी आँखें क्षण-भर पीटर की आँखों से मिली रहीं। पीटर गम्भीर होकर दीवार की तरफ़ देखने लगा।

"टैफी, मैं उससे कहूँगा कि वह यहाँ से नौकरी छोड़कर चली जाए। उसे पता नहीं है कि यहाँ वह किन जानवरों के बीच आ गई है!"

जॉन फ्लास्क से प्यालियों में चाय उड़ेलने लगा।

"उसमें खुद्दारी हो तो उसे आप ही चले जाना चाहिए," वह बोला, "किसी के कहने से क्या होगा! कुछ नहीं।"

"हो या न हो, मगर मैं उससे कहूँगा ज़रूर...।"

"तुम पागल हुए हो? हमें दूसरों से मतलब? वह अनजान बच्ची तो है नहीं।"

पीटर कुछ न कहकर दीवार की तरफ़ देखता हुआ चाय के घूँट भरने लगा।

"अब जल्दी से तैयार हो जाओ, गिरजे का वक़्त हो रहा है!"

पीटर ने दो घूँट में ही चाय की प्याली ख़ाली करके रख दी। "मैं गिरजे में नहीं जाऊँगा।"

जॉन कुर्सी की बाँह पर बैठ गया।

"आज तुम्हारी सलाह क्या है?"

"कुछ नहीं, मैं गिरजे में नहीं जाऊँगा।"

जॉन मुँह-ही-मुँह बड़बड़ाकर ठंडी चाय की चुस्कियाँ लेता रहा।

दो दिन की बर्फ़बारी के बाद फ़ादर फ़िशर के डिनर की रात को मौसम खुल गया। डिनर से पहले घंटा-भर सब लोग 'म्युज़िकल चेयर्स' का खेल खेलते रहे। उस खेल में मणि नानावती को पहला पुरस्कार मिला। पुरस्कार मिलने पर उससे जो-जो मज़ाक़ किए गए, उनसे उसका चेहरा इतना सुर्ख़ हो गया कि वह थोड़ी देर के लिए कमरे से बाहर भाग गई। मिसेज़ मर्फी उस दिन बहुत सुन्दर हैट और रिबन लगाकर आई थी; उसकी बहुत प्रशंसा की गई। डिनर के बाद लोग काफ़ी देर तक आग के पास खड़े बातें करते रहे। पादरी ने सबसे नई मेट्रन का परिचय कराया। अनिता अपने शाल में सिकुड़ी सबके अभिवादन का उत्तर मुस्कराकर देती रही।

एटकिंसन मिसेज़ मर्फी को आँख से इशारा करके मुस्कराया।

हिचकाक अपनी मुस्कराहट ज़ाहिर न होने देने के लिए सिगार के लम्बे-लम्बे कश खींचने लगा। जॉन उधर से नज़र हटाकर हिचकाक से बात करने लगा।

"तुम्हें तली हुई मछली अच्छी लगी?...मुझे तो ज़रा अच्छी नहीं लगी।"

"मुझे मछली हर तरह की अच्छी लगती है, कच्ची हो या तली हुई... हाँ मछली हो।"

जॉन ने मुँह बिचकाया।

"रम की बोतल साथ हो तो भी तुम्हें अच्छी नहीं लगती?"

जॉन दाँत खोलकर मुस्कराया और सिर हिलाने लगा।

मजलिस बरख़ास्त होने पर जब सब लोग बाहर निकले तो हिचकाक ने धीमे स्वर में जॉन से पूछा, "क्या बात है, आज पीटर दिखाई नहीं दिया...?"

जॉन उसका हाथ दबाकर उसे ज़रा दूर ले गया और दबे हुए स्वर में बोला, "उसे पादरी ने जवाब दे दिया है।"

"पीटर को भी?"

जॉन ने सिर हिलाया।

"वह कल सुबह यहाँ से चला जाएगा।"

"क्या कोई ख़ास बात हुई थी?"

जॉन ने उसका हाथ दबा दिया। पादरी और बैरो के साथ-साथ अनिता सिर झुकाए शाल में छिपी-सिमटी बरामदे से निकलकर चली गई। जॉन की भूरी आँखें कई गज़ उनका पीछा करती रहीं।

"यह आप भी गरम पानी से नहाता है या नहीं?"

"क्यों?" बात हिचकाक की समझ में नहीं आई।

"इसने डॉली को गरम पानी से नहलाया था न—!"

हिचकाक हो-हो करके हँस दिया। बरामदे में से गुज़रते हुए हकीम ने आवाज़ दी, "ख़ूब क़हक़हे लग रहे हैं?"

"मैं तली हुई मछली हज़म कर रहा हूँ," हिचकाक ने उत्तर दिया, और ऊँची आवाज़ में जॉन को बतलाने लगा कि बग़ैर काँटे की मासेर मछली कितनी ताक़तवर होती है।

सुबह जॉन, अनिता, नानावती और हकीम बैचलर्स डाइनिंग-रूम में नाश्ता कर रहे थे, जब पीटर का रिक्शा दरवाज़े के पास से निकलकर चला गया। पीटर रिक्शे में सीधा बैठा रहा। न उसे किसी ने अभिवादन किया, और न ही वह किसी को अभिवादन करने के लिए रुका। अनिता की झुकी हुई आँखें और झुक गईं—जॉन ऐसे गरदन झुकाए रहा जैसे उस तरफ़ उसका ध्यान ही न हो। बैचलर्स डाइनिंग-रूम में कई क्षण ख़ामोशी छाई रही।

सहसा पादरी को खिड़की के पास से गुज़रते देखकर सब लोग अपनी-अपनी सीट से आधा-आधा उठ गए।

"गुड मॉर्निंग फ़ादर!"

"गुड मॉर्निंग माई सन्ज़!"

"कल रात का डिनर बहुत ही अच्छा रहा," हकीम ने चेहरे पर विनीत मुस्कराहट लाकर कहा।

"सब तुम्हीं लोगों की वजह से है।"

"मैं तो कहता हूँ कि ऐसे डिनर रोज़ हुआ करें..."

पादरी आगे निकल गया, तो भी कुछ देर हकीम के चेहरे पर वह मुस्कराहट बनी रही।

"मेरे लिए उबला हुआ अंडा अभी तक क्यों नहीं आया?" सहसा जॉन ग़ुस्से से बड़बड़ाया। अनिता स्लाइस पर मक्खन लगाती हुई सिहर गई। किरपू ने एक प्लेट में उबला हुआ अंडा लाकर जॉन के सामने रख दिया।

"छीलकर लाओ!" जॉन ने उसी तरह कहा और प्लेट को हाथ मार दिया। प्लेट अंडे समेत नीचे जा गिरी और टूट गई।

उधर गिरजे की घंटियाँ बजने लगीं..."डिंग-डाँग! डिंग-डाँग! डिंग-डाँग!'

■

वारिस

घड़ी में तीन बजते ही सीढ़ियों **पर** लाठी की खट्-खट् होने लगती और मास्टरजी अपने गेरुआ बाने में ऊपर आते दिखाई देते। खट्-खट् आवाज़ सुनते ही हम भागकर बैठक में पहुँच जाते और अपनी कॉपियाँ और किताबें ठीक करते हुए ड्योढ़ी की तरफ़ देखने लगते, घड़ी तीन बजा न चुकी होती, तो उसके ऊपर पहुँचते-पहुँचते बजा देती। मैं बहन के कान के पास मुँह ले जाकर कहता, "एक-दो-तीन...।"

और मास्टरजी बैठक में पहुँच जाते। अगर घड़ी उनके वहाँ पहुँचने से दो-तीन मिनट पहले तीन बजा चुकी होती, तो वे उस पर शिकायत की एक नज़र डालते, भरकर रखे हुए गिलास में से दो घूँट पानी पीते और पढ़ाने बैठ जाते। मगर बैठकर भी दो-एक बार उनकी नज़र ऊपर हमारी दीवार-घड़ी की तरफ़ उठती, फिर अपने हाथ पर लगी हुई बड़े गोल डायल की पुरानी पीली-सी घड़ी पर पड़ती और वे 'हूँ' या 'त्चत्'

की आवाज़ से अपना असन्तोष प्रकट करते—जाने अपने प्रति, अपनी घड़ी के प्रति या हमारी घड़ी के प्रति।

हमें मैट्रिक की परीक्षा देनी थी और वे हमें पढ़ाने के लिए आते थे। बहन मुझसे एक साल बड़ी थी, मगर उसने उसी साल ए, बी, सी, से अंग्रेज़ी सीखी थी। मैं भी अंग्रेज़ी इतनी ही जानता था कि बिना हिचकिचाहट के 'वंडरफल' के ये हिज्जे बता देता था—डब्लू ए एन, डी ओ आर, एफ यू डबल एल—वंडरफुल। मास्टरजी कविता बहुत उत्साह के साथ पढ़ाते थे। वे टेनीसन, ब्राउनिंग और स्काट की पंक्तियों की व्याख्या करते हुए जैसे कहीं और ही पहुँच जाते थे। उनकी आँखें चमकने लगती थीं और दोनों हाथ हिलने लगते थे। भाषा उनके मुँह से ऐसी निकलती थी जैसे ख़ुद कविता कर रहे हों। मुझे कई बार कविता की पंक्ति तो समझ में आ जाती थी, उनकी व्याख्या समझ में नहीं आती। मैं मेज़ के नीचे से बहन के टखनों पर ठोकर मारने लगता। ऊपर से चेहरा गम्भीर बनाए रहता। ठोकर मारना इसलिए ज़रूरी था कि अगर मैं उसे ध्यान से पढ़ने देता, तो वह बीच में मास्टरजी से कोई सवाल पूछ लेती थी जिससे ज़ाहिर होता था कि बात उसकी समझ में आ रही है, और इस तरह अपनी हतक होती थी।

कविता पढ़ाकर मास्टरजी हमसे अनुवाद कराते। अनुवाद के 'पैसेज' वे किसी किताब में से नहीं देते थे, ज़बानी लिखाते थे। उनमें कई बड़े-बड़े शब्द होते जो अपनी समझ में ही न आते। वे लिखाते :

"भावना जीवन की हरियाली है। भावना-विहीन जीवन एक मरुस्थल है जहाँ कोई अंकुर नहीं फूटता।"

हम पहले उनसे भावना की अंग्रेज़ी पूछते, फिर अनुवाद करते :

"सेंटीमेंट इज़ लाइफ़'स् वेजीटेबल। सेंटीमेंटलेस लाइफ़ इज़ ए डेज़र्ट व्हेयर ग्रास डज़ नॉट ग्रो।"

बहन संशोधन करती कि 'डज़ नॉट ग्रो' नहीं 'डू नॉट ग्रो' होना चाहिए, ग्रास 'सिंगुलर' नहीं 'प्लूरल' है। मैं उसके हाथ पर मुक्का मार देता कि कल ए-बी-सी सीखनेवाली लड़की आज मेरी अंग्रेज़ी दुरुस्त करती है। वह मेरे बाल पकड़ लेती कि एक साल छोटा होकर यह लड़का

बड़ी बहन के हाथ पर मुक्का मारता है! मगर जब मास्टरजी फ़ैसला कर देते कि 'डू नॉट ग्रो' नहीं 'डज़ नॉट ग्रो' ठीक है, तो मैं अपने अंग्रेज़ी के ज्ञान पर फूल उठता और बहन का चेहरा लटक जाता हालाँकि मारपीट के मामले में डाँट मुझी को पड़ती।

मास्टरजी के आने का समय जितना निश्चित था, जाने का समय उतना ही अनिश्चित था। वे कभी डेढ़ घंटा और कभी दो घंटे पढ़ाते रहते थे। पढ़ते-पढ़ते पाँच बजने को आ जाते तो मेरे लिए 'नाउन' और 'एडजेक्टिव' में फ़र्क़ करना मुश्किल हो जाता। मैं जम्हाइयाँ लेता और बार-बार ऊबकर घड़ी की तरफ़ देखता। मगर मास्टरजी उस समय 'पास्ट पार्टीसिपल' और 'परफ़ेक्ट पार्टीसिपल' जैसी चीज़ों के बारे में जाने क्या-क्या बता रहे होते। पढ़ाई हो चुकने के बाद वे दस मिनट हमें जीवन के सम्बन्ध में शिक्षा दिया करते थे। वे दस मिनट बिताना मुझे सबसे मुश्किल लगता था। वे पानी के छोटे-छोटे घूँट भरते और जोश में आकर सुन्दर और असुन्दर के विषय में जाने क्या कह रहे होते, और मैं अपनी कॉपी घुटनों पर रखे हुए उसमें लिखने लगता :

सुन्दर मुन्दरियो, हो!
तेरा कौन बिचारा, हो!
दुल्ला भट्टीवाला, हो!

बहन का ध्यान भी मेरी कॉपी पर होता क्योंकि वह आँख के इशारे से मुझे यह सब करने से मना करती। कभी वह इशारे से धमकी देती कि मास्टरजी से मेरी शिकायत कर देगी। मैं आँखों-ही-आँखों से उसकी ख़ुशामद कर लेता। जब मास्टरजी का सबक़ ख़त्म होता और उनकी कुर्सी 'च्याँ' की आवाज़ करती पीछे को हटती, तो मेरा दिल ख़ुशी से उछलने लगता। सीढ़ियों पर खट्-खट् की आवाज़ समाप्त होने से पहले ही मैं पतंग और डोर लिये हुए ऊपर कोठे पर पहुँच जाता और 'आ बोऽऽ काटा काटाऽऽ ईऽऽबोऽऽ!' का नारा लगा देता।

मास्टरजी के बारे में हम ज़्यादा नहीं जानते थे—यहाँ तक कि उनके नाम का भी हमें नहीं पता था। एक दिन अचानक ही वे पिताजी के पास

बैठक में आ पहुँचे थे। उन्होंने कहा था कि एक भी पैसा पास न होने से वे बहुत तंगी में हैं मगर वे किसी से ख़ैरात नहीं लेना चाहते, काम करके रोटी खाना चाहते हैं। उन्होंने बताया कि उन्होंने कलकत्ता यूनिवर्सिटी से बी.एल. किया है और बच्चों को बांग्ला और पंजाबी पढ़ा सकते हैं। पिताजी हम दोनों की अंग्रेज़ी की योग्यता से पहले ही आतंकित थे, इसलिए उन्होंने उसी समय से उन्हें हमें पढ़ाने के लिए रख लिया। कुछ दिनों बाद वे उन्हें और ट्यूशन दिलाने लगे, तो मास्टरजी ने मना कर दिया। वे हमारे घर से थोड़ी दूर एक गन्दी-सी गली में चार रुपये महीने की एक कोठरी लेकर रहने लगे थे। यह वे पूछने पर भी नहीं बताते थे कि बी.एल. करने के बाद उन्होंने प्रैक्टिस क्यों नहीं की और घर-बार छोड़कर गेरुआ क्यों धारण कर लिया। वे बस उत्तेजित-से पढ़ाने आते, और उसी तरह उत्तेजित-से उठकर चले जाते।

एक दिन घड़ी ने तीन बजाए तो हम लोग रोज़ की तरह भागकर बैठक में पहुँच गए और दम साधकर अपनी-अपनी कुर्सी पर बैठ गए। मगर काफ़ी समय गुज़र जाने पर भी सीढ़ियों पर खट्-खट् की आवाज़ सुनाई नहीं दी। एक मिनट, दो मिनट, दस मिनट। हम लोगों को हैरानी हुई—मुझे ख़ुशी भी हुई। चार महीने में मास्टरजी ने पहली बार छुट्टी की थी। इस ख़ुशी में मैं अंग्रेज़ी की कॉपी में थोड़ी ड्राइंग करने लगा। बहन से 'बी' और 'एफ' हमेशा एक-से लिखे जाते थे—वह उनके अन्तर को पकाने लगी। मगर यह ख़ुशी ज़्यादा देर न रही। सहसा सीढ़ियों पर खट्-खट् सुनाई देने लगी, जिससे हम चौंक गए और निराश भी हुए। मास्टरजी अपने रोज़ के कपड़ों के ऊपर एक मोटा गेरुआ कम्बल लिये बैठक में पहुँच गए। मैंने उन्हें देखते ही अपनी बनाई हुई ड्राइंग फाड़ दी। वे हाँफते-से आकर आरामकुर्सी पर बैठ गए और दो घूँट पानी पीने के बाद 'पोयट्री' की किताब खोलकर पढ़ाने लगे :

टेल मी नॉट इन मोर्नफुल नम्बर्ज़
लाइफ़ इज़ बट ऐन एम्प्टी ड्रीम...

मैंने देखा, उनका सारा चेहरा एक बार पसीने से भीग गया और

वे सिर से पैर तक काँप गए। कुछ देर वे चुप रहे। फिर उन्होंने गिलास को छुआ, मगर उठाया नहीं। उनका सिर झुककर बाँहों में आ गया और कुछ देर वहीं पड़ा रहा। उस समय मुझे ऐसा लगा जैसे मेरे सामने सिर्फ़ कम्बल में लिपटी हुई एक गाँठ ही पड़ी हो। जब उन्होंने चेहरा उठाया, तो मुझे उनकी नाक और आँखों के बीच की झुर्रियाँ बहुत गहरी लगीं। उनकी आँखें झपतीं और कुछ देर बन्द ही रहतीं, फिर जैसे प्रयत्न से खुलतीं। वे होंठों पर ज़बान फेरकर फिर पढ़ाने लगते :

फार द सोल इज़ डेड दैट स्लम्बर्ज़,
एंड थिंग्ज़ आर नॉट वाट दे सीम।

मगर उसके साथ उनका सिर फिर झुक जाता। मैंने डरी हुई-सी नज़र से बहन की तरफ़ देखा।

"मास्टरजी, आज आपकी तबीयत ठीक नहीं है," बहन ने कहा, "आज हम और नहीं पढ़ेंगे।"

नहीं पढ़ेंगे—यह सुनकर मेरे दिल में ख़ुशी की लहर दौड़ गई। मगर उस हिलती हुई गठरी को देखकर डर भी लग रहा था। मास्टरजी ने आँखें उठाईं और धीरे से कुछ कहा। फिर उन्होंने पुस्तक की तरफ़ हाथ बढ़ाया, तो बहन ने पुस्तक खींच ली। कुछ देर मास्टरजी हम लोगों की तरफ़ देखते रहे—जैसे हम उनसे बहुत दूर बैठे हों और वे हमें ठीक से पहचान न पा रहे हों। फिर एक लम्बी साँस लेकर चलने के लिए उठ खड़े हुए।

पूरे चार सप्ताह वे टाइफाइड में पड़े रहे।

उन दिनों मेरी ड्यूटी लगाई गई कि मैं कोठरी में जाकर उन्हें सूप वग़ैरह दे आया करूँ। वैद्यजी के पास जाकर उनकी दवाई-अवाई भी मुझे ही लानी होती थी। मेरा काफ़ी समय उनकी कोठरी में बीतता। वे अपने कम्बल में लिपटकर चारपाई पर लेटे हुए 'हाय-हाय' करते रहते और मैं ऊपर-नीचे होते हुए कम्बल के रोयों को देखता रहता। कभी मिट्टी के फ़र्श पर या स्याह पड़ी हुई दीवारों पर उँगली से तस्वीरें बनाने लगता। कोठरी निहायत बोसीदा थी और उसमें चारों तरफ़ से पुरानी सीलन की गन्ध आती थी। दीवारों का पलस्तर जगह-जगह से उखड़ गया था और

कुछ जगह उखड़ने की तैयारी में ईंटों से आगे को उभर आया था। मुझे उस पलस्तर में तरह-तरह के चेहरे नज़र आते। पलस्तर का कोई टुकड़ा झड़कर खप से नीचे आ गिरता, तो मैं ऐसे चौंक जाता जैसे मेरी आँखों के सामने किसी मुर्दा चीज़ में जान आ गई हो। कभी मैं उठकर खिड़की के पास चला जाता। खिड़की में सलाखों की जगह बाँस के टुकड़े लगे थे। गली से उठती हुई भयानक दुर्गन्ध से दिमाग़ फटने लगता। वह गली जैसे शहर का कूड़ा-घर थी। एक मुर्ग़ा गली के कूड़े को अपने पैरों से बिखेरता रहता और हर आठ-दस मिनट के बाद ज़ोर से बाँग दे देता।

मास्टरजी के पास ज़्यादा सामान नहीं था, पर जो कुछ भी था उसे देखने को मेरे मन में बहुत उत्सुकता रहती थी। एक दिन जब थोड़ी देर के लिए मास्टरजी की आँख लगी, तो मैंने कोठरी के सारे सामान की जाँच कर डाली। कपड़ों के नाम पर वही चन्द चीथड़े थे जो हम उनके शरीर पर देखा करते थे। डंडे और कमंडल के अतिरिक्त उनकी सम्पत्ति में कुछ पुरानी फटी हुई पुस्तकें थीं जिनमें से केवल भगवद्गीता का शीर्षक ही मैं पढ़ सका। शेष पुस्तकें बांग्ला में थीं। एक पुस्तक के बीच में एक लिफ़ाफ़ा रखा था जिस पर सात साल पहले की हावड़ा और मिदनापुर की मोहरें लगी थीं। मैंने डरते-डरते लिफ़ाफ़े में से पत्र निकाल लिया। यह भी बांग्ला में था। बीच में कोई-कोई शब्द अंग्रेज़ी का था—स्टैंडर्ड...मीन्ज़...ओवर कॉन्फ़िडेंस...डिस्गस्टिंग...हेल...। मैंने जल्दी से पत्र वापस लिफ़ाफ़े में रख दिया। पुस्तकों के अतिरिक्त कुछ पुराने और नये फुलस्केप काग़ज़ थे जिन पर बांग्ला और अंग्रेज़ी में बहुत कुछ लिखा हुआ था। वे काग़ज़ अभी मेरे हाथों में ही थे कि मास्टरजी की आँख खुल गई और वे खाँसते हुए उठकर बैठ गए। मैं काँपते हुए हाथों से काग़ज़ रखने लगा तो वे पहले मुस्कराए और फिर हँसने लगे।

"इन्हें इधर ले आओ," वे बोले।

मैं अपराधी की तरह काग़ज़ लिये हुए उनके पास चला गया। उन्होंने काग़ज़ मुझसे ले लिये और मुझे पास बिठाकर मेरी पीठ पर हाथ फेरने लगे।

"जानते हो, इन काग़ज़ों में क्या है?" उन्होंने बुख़ार के कारण कमज़ोर आवाज़ में पूछा।

"नहीं।" मैंने सिर हिलाया।

"यह मेरी सारी ज़िन्दगी की पूँजी है," उन्होंने कहा और उन काग़ज़ों को छाती पर रखे हुए लेट गए। लेटे-लेटे कुछ देर उन्हें उथल-पुथल कर देखते रहे, फिर उन्होंने उन्हें अपनी दाईं ओर रख लिया। कुछ देर वे अपने में खोए रहे और जाने क्या सोचते रहे। फिर बोले, "बच्चे, जानते हो, मनुष्य जीवित क्यों रहना चाहता है?"

मैंने सिर हिला दिया कि नहीं जानता।

"अच्छा, मैं तुम्हें बताऊँगा कि मनुष्य क्यों जीवित रहना चाहता है और कैसे जीवित रहता है। मैं तुम्हें और भी बहुत कुछ बताना चाहता हूँ, मगर अभी तुम छोटे हो। ज़रा बड़े होते तो...। ख़ैर...अब भी जो कुछ बता सकता हूँ, ज़रूर बताऊँगा। तुम मेरे लिए मेरे अपने बच्चे की तरह हो...तुम दोनों...दोनों ही मेरे बच्चे हो।"

उन्होंने मेरा हाथ पकड़ लिया। मेरा दिल बैठने लगा कि वे जो कुछ बताना चाहते हैं, उसी समय न बताने लगें क्योंकि मैं जानता था कि वे जो कुछ बताएँगे वह ऐसी मुश्किल बात होगी कि मेरी समझ में नहीं आएगी। समझने की कोशिश करूँगा, तो कई मुश्किल शब्दों के अर्थ सीखने पड़ेंगे। मेरा अनुभव कहता था कि शब्द ख़ुद जितना मुश्किल होता है, उसके हिज्जे उससे भी ज़्यादा मुश्किल होते हैं। हिज्जों से मैं बहुत घबराता था।

मगर उस समय उन्होंने कुछ नहीं कहा। सिर्फ़ मेरा हाथ पकड़कर लेटे रहे।

अच्छे होकर जब वे हमें फिर पढ़ाने आने लगे, तो उन्होंने कहा कि अब से वे अंग्रेज़ी के अतिरिक्त हमें थोड़ी-थोड़ी बांग्ला भी सिखाएँगे क्योंकि बांग्ला सीखकर ही हम उनके विचारों को ठीक से समझ सकेंगे। अब वे तीन बजे आते और साढ़े पाँच-छह बजे तक बैठे रहते। मैं साढ़े तीन-चार बजे ही घड़ी की तरफ़ देखना आरम्भ कर देता और जाने किस मुश्किल से वह सारा वक़्त काटता। उनकी दो महीने की जी-तोड़ मेहनत से हम बहन-भाई इतनी बांग्ला सीख पाए कि एक-दूसरे को बजाय तुम के 'तूमि' कहने लगे। वह कहती, "तूमि मेरी कापी का वरका मत फाड़ो।"

और मैं कहता, "तूमि बकवास मत करो।"

हमारी इस प्रगति से मास्टरजी बहुत निराश हुए और कुछ दिनों बाद उन्होंने हमें बांग्ला सिखाने का विचार छोड़ दिया। अनुवाद के लिए अब वे पहले से भी मुश्किल 'पैसेज' लिखाने लगे, मगर इससे सारा अनुवाद उन्हें ख़ुद ही करना पड़ता। उस माध्यम से भी हमें बड़ी-बड़ी बातें सिखाने का प्रयत्न करके जब वे हार गए, तो उन्होंने एक और उपाय सोचा। वे फुलस्केप काग़ज़ बीच में से आधे-आधे फाड़कर उन पर दोनों ओर पेंसिल से अंग्रेज़ी में बहुत कुछ लिखकर लाने लगे। बहन के लिए वे अलग काग़ज़ लाते और मेरे लिए अलग। उनका कहना था कि वे रोज़ उन काग़ज़ों में हमको एक-एक नया विचार देते हैं, जिसे हम अभी चाहे न समझें, बड़े होने पर ज़रूर समझ सकेंगे, इसलिए हम उन काग़ज़ों को अपने पास सँभालकर रखते जाएँ। पहले छह-आठ दिन तो हमने काग़ज़ों की बहुत सँभाल कर रखी, मगर बाद में उन्हें सँभालकर रखना मुश्किल होने लगा। अक्सर बहन मेरे काग़ज़ कहीं से गिरे हुए उठा लाती और कहती कि कल वह मास्टरजी से शिकायत करेगी। मैं मुँह बिचका देता। एक दिन मैंने देखा, अलमारी में सिर्फ़ बहन के काग़ज़ ही तह किए रखे हैं, मेरा कोई काग़ज़ नहीं है। चारों तरफ़ खोज करने पर भी जब मुझे अपने काग़ज़ नहीं मिले, तो मैंने बहन के सब पुलिन्दे उठाकर फाड़ दिये। इस पर बहन ने मेरे बाल नोच लिये। मैंने उसके बाल नोच लिये। उस दिन से हम दोनों इस ताक में रहने लगे कि कल मास्टरजी के दिये हुए एक के काग़ज़ दूसरे के हाथ में लगें कि वह उन्हें फाड़ दे। मास्टरजी से काग़ज़ लेते हुए हम चोर आँखों से एक-दूसरे की तरफ़ देखते और मुश्किल से अपनी मुस्कराहट दबाते। मास्टरजी किसी-किसी दिन अपने पुराने काग़ज़ों के पुलिन्दे साथ ले आते थे और वहीं बैठकर उनमें से हमारे लिए कुछ हिस्से नकल करने लगते थे। हम दोनों उतनी देर कॉपियों पर इधर-उधर के रिमार्क लिखकर आपस में कॉपियाँ तब्दील करते रहते। इधर मास्टरजी वे पुलिन्दे हमारे हाथों में देकर सीढ़ियों से उतरते, उधर हमारी आपस में छीना-झपटी आरम्भ हो जाती और हम एक-दूसरे के काग़ज़ को मसलने और नोचने लगते। अक्सर इस बात

पर हमारी लड़ाई हो जाती कि मास्टरजी एक को अठारह और दूसरे को चौदह पन्ने क्यों दे गए हैं।

परीक्षा में अब थोड़े ही दिन रह गए थे। पिताजी ने एक दिन हमसे कहा कि हम मास्टरजी को अभी से सूचित कर दें कि जिस दिन हमारा अंग्रेज़ी का 'बी' पेपर होगा उस दिन तक हम उनसे पढ़ते रहेंगे मगर उसके बाद...। उस दिन मास्टरजी के आने तक हम आपस में झगड़ते रहे कि हममें से कौन उनसे यह बात कहेगा। आख़िर तीन बज गए और मास्टरजी आ गए। उन्होंने हमेशा की तरह घड़ी की तरफ़ देखा, 'च्चत् च्चत्' की आवाज़ के साथ सिर को झटका दिया और पानी का एक घूँट पीकर 'पोयट्री' की किताब खोल ली। हम दोनों ने एक-दूसरे की तरफ़ देखा और आँखें झुका लीं।

"मास्टरजी!" बहन ने धीरे से कहा।

उन्होंने आँख उठाकर उसकी तरफ़ देखा और पूछा कि क्या बात है—उसकी तबीयत तो ठीक है?

बहन ने एक बार मेरी तरफ़ देखा, मगर मेरी आँखें ज़मीन में धँसी रहीं।

"मास्टरजी, पिताजी ने कहा है..." और उसने रुकते-रुकते बात उन्हें बता दी।

"क्या मैं नहीं जानता?" माथे पर त्योरियाँ डालकर सहसा उन्होंने कड़े शब्दों में कहा, "मुझे यह बताने की क्या ज़रूरत थी?" और वे जल्दी-जल्दी कविता की पंक्ति पढ़ने लगे :

शेड्स ऑफ़ नाइट वर फालिंग फास्ट,
व्हेन थ्रू ऐन एल्पाइन विलेज पास्ट
ए यूथ...

सहसा उनका गला भर्रा गया। उन्होंने जल्दी से दो घूँट पानी पिया और फिर से पढ़ने लगे :

शेड्स ऑफ़ नाइट वर फालिंग फास्ट...

उस दिन पहली बार उन्होंने जाने का समय जानने के लिए भी घड़ी की तरफ़ देखा। पूरे चार बजते ही वह काग़ज़ समेटते हुए उठ खड़े हुए।

अगले दिन आए, तो आते ही उन्होंने हमारी परीक्षा की 'डेट शीट' देखी और बताया कि जिस दिन हमारा 'बी' पेपर होगा उसी दिन वे यहाँ से चले जाएँगे। उन्होंने निश्चय किया था कि वे कुछ दिन जाकर गरुड़चट्टी में रहेंगे, फिर उससे आगे घने पहाड़ों में चले जाएँगे, जहाँ से फिर कभी लौटकर नहीं आएँगे। उस दिन उनसे पढ़ते हुए न जाने क्यों मुझे उनके चेहरे से डर लगता रहा।

हमारा 'बी' पेपर हो गया। मास्टरजी ने काँपते हाथों से हमारा पर्चा देखा। उन्होंने जो-जो कुछ पूछा, मैंने उसका सही जवाब बता दिया। मैं हॉल से निकलकर हर सवाल के सही जवाब का पता कर आया था। बहन जवाब देने में अटकती रही। मास्टरजी ने मेरी पीठ थपथपाई, पानी पिया और चले गए। मगर शाम को वे फिर आए। पिताजी से उन्होंने कहा कि वे जाने से पहले एक बार बच्चों से मिलने आए हैं। हम दोनों को अन्दर से बुलाया गया। मास्टरजी ने हमसे कोई बात नहीं की, सिर्फ़ हमारे सिर पर हाथ फेरा और 'अच्छा' कहकर चल दिये। हम लोग उनके साथ-साथ ड्योढ़ी तक आए। वहाँ रुककर उन्होंने मेरी ठोड़ी को छुआ और कहा, "अच्छा, मेरे बच्चे!" और काँपते हाथ से उन्होंने किसी तरह अपना भूरा-सा फ़ाउंटेन पेन जेब से निकाला और मेरे हाथ में दे दिया।

"रख लो, रख लो," उन्होंने ऐसे कहा जैसे उसे लेने से इनकार किया हो। "बहुत अच्छा तो नहीं है, मगर काम करता है। मुझे तो अब इसकी ज़रूरत नहीं पड़ेगी। तुम अपने पास रख छोड़ना...या फेंक देना...।"

उनकी आँखें भर आई थीं इसलिए उन्होंने मुस्कराने का प्रयत्न किया और मेरा कन्धा थपथपाकर खट्-खट् सीढ़ियाँ उतर गए। बहन स्पर्द्धा की दृष्टि से मेरे हाथ में उस फ़ाउंटेन पेन को देख रही थी। मैंने उसे अँगूठा दिखाया और पेन खोलकर उसके निब की जाँच करने लगा।

मगर उसके कुछ ही दिन बाद वह निब मुझसे टूट गया—और फिर वह पेन भी जाने कहाँ खो गया!

■